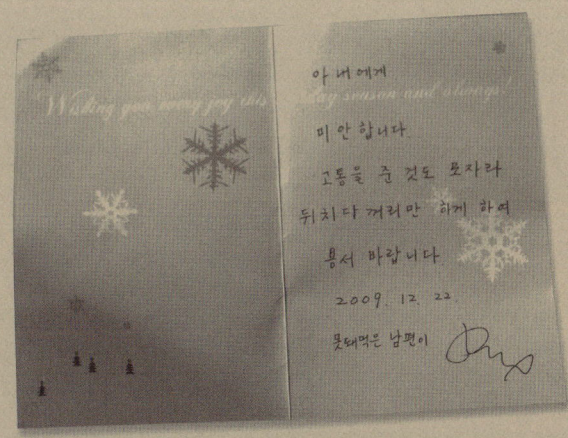

남편의 서가

남편의 서가

신순옥 지음

북바이북

서문

지극히 사적인 이야기를 책으로 엮게 돼 부끄럽다. 마치 이런 글을 쓰기 위해 남편을 보낸 것 같아 미안한 마음 어쩌질 못하겠다. 이런 책은 나오지 않는 게 좋을 것이다. 보낸 다음에 가슴을 치고 통곡할 것이 아니라 살아 있을 때 후회할 일을 만들지 말아야 한다. 이리 마음이 불편할 줄 알았으면 남편 살아 있을 때 연애편지라도 한 통 더 쓸 걸 그랬다.

여러 권의 책을 낸 저자로서 남편은 자신의 책이 출간될 때마다 스스로도 놀랍고 대견스럽다는 듯 "야, 이것을 어떻게 다 썼지?"하며 책을 손에서 놓지 못했다. 글을 모아놓고 보니 나 역시 남편이 했던 말이 자연스럽게 흘러나온다. 나의 책 출간 소식에 가장 기뻐할 사람이 있다면 아마 남편일 것이다. 남편은 자신의 책이 나오기나 한 것처럼 기꺼운 마음으로 축하의 말을 전하리라. "옥아, 너 드디어 해냈구나! 봐라, 너도 되지 않느냐. 앞으로 더욱 분발해라." 부끄러움이 앞서는 글이지만 연재한 글을 모아 책을 내자는 한국출판마케팅연구소 한기호 소장님의 뜻에 기꺼이 응한 까닭은 여기에 있다.

    여기 실린 글은 남편을 보내고 6개월이 지난 시점에서 쓰여졌다. 책의 차례는 글이 실린 순서를 반영하고 있다. 2012년 1월 20일자부터 2013년 4월 20일자까지 격주간 출판전문 잡지 〈기획회의〉에 31회까지 연재한 글을 모은 것이다. 서툰 표현이나 매끄럽지 못한 문장을 다듬었을 뿐 글의 내용이 달라질 정도로 손보지는 않았다. 에세이라는 책의 특성상 어설픈 대로 그 당시의 감정을 살리는 것이 낫겠다는 판단에서다. 내가 어떤 글을 쓰는지도 모르고 있는 지인들에게 이 책이 어떻게 받아들여질지 조금 걱정스럽다.

    『남편의 서가』는 한기호 소장님의 혜안에서 나왔다. 글쓰기에 대해 어떤 '자격증'도 없는 사람에게 글 쓸 자리를 마련해주신 소장님께 고개 숙여 감사를 드린다. 글을 연재하면서 전업주부로서 처음으로 달마다 꼬박 원고료를 받아 생활에 보탤 수 있었다. 글쓰기는 내게 삶의 보람과 의욕을 가져다주는 뜻깊은 일이었다. 무엇보다 남편을 잃은 시점에서 시작된 글쓰기는 남편을 애도하는 시간이자 나의 상실감을 치유하는 작업이 돼줬다.

    내가 글을 쓸 수 있는 기회를 얻은 것은 최성일의 아내라는 사실 또한 크게 작용했다. 더욱이 살아서 남편은 소장님의 연구소에 들러 몇 번 지나가는 말로 아내가 글을 좀 쓴다는 말을 비치기도 했다고 한다. 사람의 일을 미리 내다보고 그는 아내의 앞길까지 마련해주고 간 것일까. 남편의 유고집이 되고 만 『한 권의 책』의 머리말은 남편을 보내고 처음 활자화된 글이다. 유고집의 머리말을 써볼 것을 제안하신 연암서가의 권오상 선생님도 내가 글을 쓰는 데 힘을 보태주셨다.

 연재를 하면서 나는 글쓰기가 얼마나 고달프고 힘겨운 것인지 조금 알게 됐다. 그것은 남편이 처자식을 먹여 살리기 위해 얼마나 힘들게 글을 써야 했는지를 절실하게 깨달은 일이기도 했다. 환자로서 그는 고된 글을 쓸 게 아니라 휴식을 취해야 할 사람이었다. 그 점은 두고두고 미안하다. 글을 쓰기 위해 남편의 저서와 남편이 다룬 서평 관련 책을 보는 것은 결과적으로 남편에게 좀 더 가까이 다가가는 작업이었으며, 남편으로 사는 일이기도 했다.

 글이 잘 풀리면 문제가 없었지만 정말 막막한 기분에서 원고 마감일만 다가오면 입이 쓰고 잠도 잘 안 왔다. 심신이 피로하고 신경이 날카로워져 작은 일에도 화가 났다. 아이들이 엄마의 눈치를 종종 봐야 했다. 생각이 난마처럼 얽혀 글을 쓰기가 힘들 때면 남편 생각이 더 났다. 그럴 때 남편이 글감을 척 안겨주면 얼마나 좋을까. 남편도 글이 안 써지는 날이 있었던 것 같다. 원고 마감에 시달리는 날이면 소화가 안 된다거나 밥맛이 없다는 말을 자주 했다.

어떤 날은 글을 써야 한다는 심리적 부담감으로 잠을 이루지 못했다. 그러면 거실에서 책꽂이의 책을 꺼내 훑거나 책등의 제목을 살피며 시간을 보냈다. 그러다가 어느 순간 발뒤꿈치를 까딱까딱하고 있는 나에게서 남편의 모습이 보였다. 그런 내 모습은 영락없는 남편이었다. 남편 살아 있을 때 한밤중에 눈을 떠보면 남편의 잠자리가 빈 적이 있었다. 안방 문틈으로 거실 불빛이 들어와 밖으로 나가보면 남편이 딱 그런 자세를 취하고 서 있었던 것이다. 그때 그도 글에 대한 부담으로 식구들이 잠든 사이 홀로 고뇌를 했던 것일까.

『남편의 서가』는 출판평론가 남편을 둔 아내가 그와 함께 살면서 겪은 일상과 그를 떠나보낸 후의 상실감을 적은 글이다. 여기에 지나치게 사적인 감정과 부실한 내용을 벌충하려는 의도에서 어린이책과 어른 도서를 끌어들였다. 책을 끌어들이니까 뭔가 있어 보이고 부끄러운 마음도 조금 덜어진 듯했다. 내 경험과 생각이 비슷한 책에 기대다 보니 글쓰기가 조금은 수월해졌다. 개인적인 얘기에 책이 곁들여진 글의 형식은 자연스럽게 나왔다. 이 책의 성격은 가족의 생활기이자 가벼운 독서에세이라고 해도 무방할 것이다.

내가 이 자리까지 오게 된 것은 원고 마감을 칼같이 지키는 남편을 옆에서 오랫동안 지켜본 경험이 있었기 때문이다. 살아 있을 때 그는 나의 독서 길라잡이이자 글쓰기 선생님이기도 했다. 남편이 끌어주지 않았다면 세상에 첫발을 내딛게 된 글쓰기에서 살아남지 못했을 것이다. 책 제목이 『남편의 서가』이듯, 이 책의 주인공은 남편이다. 그의 아내는 그에 관한 얘기를 들려주는 화자에 불과하다. 남편은 내게 삶이란 떠나보내는 일이며 그 떠나보낸 빈자리를 채우는 일이라는 것을 깨닫게 해줬다. 혹 이 책을 든 독자분이 계시다면, 이 책을 남편을 잃은 여자가 그 빈자리를 채워가는 글 정도로 이해하셔도 좋겠다.

　책의 머리말을 빌려 감사할 분들이 너무 많다. 먼저 남편과 맺은 인연으로 남편의 병실을 찾아주시거나 남편의 죽음에 애도를 표해주셨던 모든 분들에게 다시 한 번 고마움을 전한다. 어려운 시기에 그분들이 우리 가족에게 보여준 돈독한 우애는 커다란 위안이 되었음을 알려드리고 싶다. 가족과 친지들, 친구들, 이웃들, 그 외의 지인들에게도 고마움을 전한다. 보잘 것 없는 글을 공들여 만들어주신 〈기획회의〉 식구들과 북바이북의 편집팀에게도 감사의 인사를 드린다. 딸 서해와 아들 인해야! 너희들은 엄마의 든든한 버팀목이다. 사랑한다.

　남편은 2004년 3월 뇌종양 수술을 앞두고 내게 '유서' 형식의 당부의 말을 일기에 남겼다. 2009년 12월에도 수술실에 들어가기 전 카드에 짧은 글을 남겼다. 크리스마스 때가 되면 그는 아내와 아이들에게 카드 쓰는 것을 빠뜨리지 않았다. 수술 일정이 크리스마스 즈음에 잡혀서 그때는 해마다 보내는 보통 카드라고 대수롭지 않게 여겼다. 그리고 그 카드의 행방은 물론 카드의 존재조차 잊고 살았다. 올 들어 책상 서랍이 잘 닫히지 않아 틈새에 낀 물건을 꺼내놓고 보니 거기에서 그 카드가 섞여 나왔다.

가버리고 나면 떠난 사람이 남긴 모든 것들에 의미를 부여하기 마련이다. 기억도 그렇고 메모지에 남긴 글자 한 자 한 자에도 그렇다. 가슴을 치는 통증이 수반되는 것은 어쩔 수 없는 일이다. 그 카드가 남편이 내게 남긴 마지막 말이었음을 새삼 알겠다. 나는 지금껏 그가 보낸 편지나 카드에 변변한 답장 한 번 보내지 못했다. 언제나 "고마워요."라는 말 한마디로 끝냈다. 이 자리를 빌려 그에게 답장을 보내면서 책의 머리말을 마무리하고자 한다.

아내에게

미안합니다.
고통을 준 것도 모자라
뒤치다꺼리만 하게 하여
용서 바랍니다.

2009. 12. 22.
못돼먹은 남편이

남편에게

미안합니다.
"사랑은 미안하다는 말을 하지 않는 것"이라지만
사랑하기 때문에 저는 당신에게 미안합니다.

고통 받는 것은 정작 당신이었을 텐데
그 고통을 헤아리지 못한 점
뒤치다꺼리라고 생각한 점
모두 용서 바랍니다.

"그 어딘가의 구비에서 우리가 만났듯이"
당신 곁으로 제가 가는 날
그때도 우리 만날 수 있겠지요.

2013년 5월 15일
아내가

차례

1장 애도하는 여인
애도하는 여인 17
아이를 키운다는 것 24
'나비를 잡는 아버지'의 변명 32
'순옥'과 눈다래끼 40
엄마는 복도에서 벌 받는 중 48
우리 가족이 '비빔툰'의 애독자가 된 사연 55
가족이라는 이름으로 62
삶의 무게를 더한 그림책 70
도서관에서 생긴 일 78
아낌없이 주는 나무를 다시 생각하다 86

2장 사별의 고통과 슬픔
깜냥껏 친구를 사귀는 아이들 97
당신은 누구시길래 105
학생이란 걸 해야만 할 때 113
내가 그림책을 읽는 이유 121
그래도 아직은 희망이다 129
아이와 '살러 가는' 여행 137

할머니들은 열공 중 145
엄마 하면 생각나는 것들 153
사별의 고통과 슬픔 161
빵과 바나나와 감자 169

3장 재회

고종석 선생님께 179
남이 뭐라든 제 갈 길을 간 사람 187
동심 예찬 195
전철을 탄 엽기과학자 203
나는 오늘도 일기를 쓴다 211
대중매체와 덜 친하기 219
아이들은 놀아야 한다 227
화, 내? 말어? 235
고맙습니다, 선생님 243
재회 252
아빠에게 편지 쓰기 261

참고 도서 269

1장 애도하는 여인

남편을 보내고 나는 할 일이 없어졌다.
그나마 병상에서 아픈 몸을 지탱하면서 하루하루를 버텨준 남편이
심적으로 얼마나 힘이 되었는지를 깨닫는 데에는
그리 많은 시간이 걸리지 않았다.

애도하는 여인

 남편을 보내고 나는 할 일이 없어졌다. 그나마 병상에서 아픈 몸을 지탱하면서 하루하루를 버텨준 남편이 심적으로 얼마나 힘이 되었는지를 깨닫는 데에는 그리 많은 시간이 걸리지 않았다. 발작과 경련 그리고 고열에 시달리는 남편을 지켜보는 일은 참을 수 없는 고통의 시간이었지만, 남편이 살아 있다는 것은 내 존재의 원천이었다.

 남편을 보러 매일 병원으로 가던 발걸음이 남편의 유골함이 있는 공원묘지로 옮겨졌다. 버스에서 내려 공원묘지로 접어들면 서늘한 기운과 함께 남편이 내 곁에서 동행하고 있다는 느낌을 받았다. 그것은 느낌이라기보다는 남편과 이별하지 못한 내 마음이 만들어낸 허상인지도 모르겠다. 허상이라고 해도 그것은 얼마 동안 내 마음에 위로가 되었다.

 그러나 목적지에 도착하고 나면 나는 남편이 더 이상 이 세상 사람이 아니라는 사실과 나와는 다른 세계에 속한 사람이라는 것을 인정해야 했다. 유골함에 선명하게 적힌 '최성일'이라는 남편의 이름과 생生과 졸卒의 연월일은 그 사실을 똑똑히 확인시켜줬다. 쏟아지는 눈물과 오열. 집으로 돌아와서는 내가 알지 못한 남편의 면모를 이해하고자, 또한 심적으로 남편과 가까워지려는 마음에서 남편이 쓴 책을 읽으며 시간을 보냈다.

남편을 보러 가는 횟수가 점차 줄면서 나는 거실과 아이들 방에 쌓인 책을 어떻게든 정리해야겠다는 생각을 했다. 정리를 하려면 어떤 식으로든 밖으로 내보내야 하는데 남편을 보낸 상황에서 남편의 분신이랄 수 있는 책까지 내보낼 생각을 하니 마음이 심란했다. 그것은 왠지 남편을 다시 한 번 죽이는 것 같은 죄책감을 불러왔다. 정작 마음을 굳히니 이번에는 아이들이 우리 집 책은 아빠 같다며 책을 정리하는 것을 만류했다. 책 정리는 집에 맞춤형 책꽂이를 들이는 것으로 일단락됐다.

두 권을 꽂을 수 있는 깊이로 짠 책꽂이에 거실 바닥에 쌓인 책을 꽂으면서 나는 『애도』(베레나 카스트 지음)를 만났다. 내 눈은 『애도』에 사로잡힌 채 눈을 떼지 못했다. 먼지와 책 더미 사이에 철퍼덕 주저앉아 책을 정리하는 것을 잊었다. 책표지에 있는 여인의 초상화에서 세상과 문을 닫아걸고 죽은 남편을 못 잊어 삶보다 죽음에 가까워지려는 내 모습을 보았다. 슬픔을 가장한 무표정한 얼굴. 착 가라앉은 무채색 계열의 여인 초상화에서 공허와 적막함을 맛보았다. 나는 책날개에 적힌 표지 그림 원제의 'painter'를 'patient'로 오독하면서 초상화 제목이 '환자를 둔 어머니'라고 생각했다. 생명이 위태로운 환자를 지켜봐야 하는 이의 심정은 죽은 이를 애도하는 어머니의 그것과 같은 맥락이지, 뭐. 내게 책표지의 초상화 제목은 다시 남편을 잃은 여자의 '애도하는 여인의 초상화'가 된다(이 초상화의 실제 제목은 유미주의 화가 제임스 휘슬러의 〈미술가의 어머니〉이다).

　옮긴이에 의하면 이 책은 독일어권에서 상실과 애도 분야의 고전으로 평가받는다고 한다. 저자 베레나 카스트는 상실을 체험한 이들에게 슬퍼할 만한 충분한 시간이 주어지지 않을 때 우울증이 유발될 수 있다는 사실을 확인하고, 심리치료 과정에서 애도의 의미를 연구한다. 죽음이라는 극단적인 경우가 아니더라도 우리는 삶에서 무수한 상실을 겪으며 살아간다. 상실과 마주하고 상실과 더불어 살아간다고 해도 과언이 아닐 정도로. 그렇기에 우리의 정신 건강을 위해서라도 상실 체험에는 마땅히 '애도'라는 정신 과정이 수반돼야 한다는 것이다.

　남편의 병이 깊어갈수록 나는 남편이 고목 같거나 텅 빈 껍데기 같다는 인상을 받았다. 나의 분신 같은 사람이 어느 순간 낯선 타인이 돼가고 있었다. 인연의 끈을 놓고자 나와 반대 방향으로 가고 있었다. 그것은 참으로 생경하고 난감하고 슬픈 일이었다. 그런데 어느 순간 남편 못지않게 나 역시 빈껍데기가 돼 가고 있음을 알았다. 그것은 "삶이란 본질적으로 다른 사람과의 관계에서 자신을 경험하고, 다른 사람이 우리 안에서 그동안 불러일으켰고 거듭해서 불러일으키는 것을 종종 우리 자신으로 경험하며, 인간관계, 특히 사랑의 관계에서 가장 내밀한 자기와의 관계를 만들어가"기 때문일 것이다. 그렇기에 남편에 대한 상실감이 깊어갈수록 내 생과 존재 또한 덜어지고 비워질 수밖에 없었던 것이 아닐까.

남편과 사별 후 나는 한동안 무감각 상태에 놓였다. 지인들이 내게 어떻게 지내냐고 안부를 물어오면, 갑작스런 일도 아니고 오랜 기간 마음의 준비를 해온 일이라 괜찮다고 했다. 말하자면 '예비 애도'를 해온 덕에 그럭저럭 견딜 만하다는 뜻을 전한 것이다. 하지만 앞으로 어떤 일이 일어나리라는 상상을 미리 하여 커다란 변화를 앞당겨서 맞는 '불안 완화 작업'은 애도를 대체하지 못한다고 저자는 충고한다. 죽음으로 인한 한 사람의 부재를 상상하는 일은 현실에서 그 사람의 부재를 겪는 것과는 전혀 다르며, 상상만으로는 극단적이고 무자비한 현실의 부재를 도저히 맛볼 수 없기 때문이라는 것이다.

남편과 사별하고 반년이 지났다. 그동안 나는 남편이 등장하는 꿈을 세 번 정도 꿨다. 첫 번째 꿈은 사별 후 며칠 지나지 않아서다. 남편이 내 몸으로 흡수되는 '합일'의 의미가 짙은 다소 기이한 꿈이다. 석 달 뒤의 꿈에서 남편은 임종의 순간을 맞고 있었다. 병원 로비 같은 소파에서 남편은 가쁜 숨을 몰아쉬었다. 나는 꿈에서 남편이 이미 이 세상 사람이 아니라는 것을 알고 있다. 따라서 남편에게 적극적으로 다가서지 못하고 관망을 한다. 이게 뭐지? 남편이 왜 저기 있는 거지? 하며 겁도 잔뜩 집어먹었다. 나를 쳐다보며 힘겨워하는 남편을 한참 지켜보면서 나는 소리를 질러 사람을 부른다. 하얀 가운을 걸친 사람들이 남편을 문이 딸린 저쪽 방으로 데려갔지만 나는 그를 따라가지 않는다. 최근의 꿈에서 남편은 내게 어떤 메시지를 전하고 싶어 했다. 나와 남편은 서로 마주 보고 있으나 물리적인 거리가 너무 멀다. 입에 손나팔을 대고 남편은 나를 향해 온 힘을 다해 외치고 있다. 무슨 말인지 알아들으려고 애써도 들리지 않는다. 남편의 입에서 어떤 소리도 터져 나오지 못한다. 다소 상기된 얼굴의 슬픈 눈빛. 내게 도대체 무슨 말을 하고 있는 거지? 나에 대한 염려와 응원 메시지처럼 느껴졌다. "옥아, 너 잘 지내고 있는 거야?"

상실을 겪는 사람들의 꿈을 통해 애도 작업을 분석한 저자는 애도하는 사람에게 나타나는 심리적인 특징을 네 단계로 설명한다. '죽음을 인식하지 않으려는 시기' '감정이 분출되는 시기'

'탐색과 분리의 시기' '새로운 자기관계와 세계관계의 시기'가 그것이다. 애도 단계라는 표현은 썼지만, 애도에 어떤 절차와 시기가 따르는 것은 아니다. 이것들은 애도자의 성향에 따라 앞뒤 순서가 바뀌기도 하고, 어느 시기가 고착되거나 악화되며, 퇴행의 순간을 맞기도 한다. 꿈을 통한 내 경우는 남편과의 사별을 받아들이지 못하는 시기를 거쳐 남편으로부터 분리되어, 애도의 마지막 과정인 새로운 관계 설정이 가능한 시기까지 온 듯하다.

어떤 일이든 시작과 끝이 있듯, 애도 역시 어떤 의미에서든 종결의 단계를 맞아야 한다. 상실을 인정한 이후 슬픔, 분노, 노여움 등의 감정이 표출되면서 애도 작업은 죽은 이와의 생활방식을 고집하는 탐색과 그에 대한 분리 과정을 거듭한다. 그런 와중 마침내 애도자는 기존과 다른 현실의 변화를 수용하고 자신과 세상에 대한 새로운 이해의 단계에 이르게 된다. 애도의 종결은 애도자가 슬픔에 둔해졌다는 의미가 아니라 "죽음을 겪었음에도 삶에 대한 기쁨을 간직하고, 죽음이 언제라도 닥쳐올 수 있지만 관계를 새롭게 가질 수 있는 감정을 처음으로 갖게" 됨을 뜻한다.

그러니 사람의 죽음을 슬퍼하고 아까워하는 단계를 넘어서 이별과 관계 문제를 되돌아보게 하고 그로부터 새로운 가능성을 엿보게 하는 애도의 정서를 개인적으로나 사회적으로 덮어서는 안 될 것이다. 우리는 '캔디'가 될 필요가 없다. 애이불비哀而不悲를 세련된 감수성으로 포장하지 말자. 죽은 이와 함께 한 기억을 나누고 그의 상실을 애도하자. 죽은 자를 애도하는 우리 또한 '예비 죽은 자'라는 사실을 염두에 둔다면, 진정으로 애도하는 일을 소홀히 할 수 없을 것이다.

이 책을 만나기 전, 나는 남편과 죽음에 집착하는 내가 은근 걱정스럽기도 했고, 내 행동이 지나치게 유별스러운 것은 아닐까 하는 생각이 들기도 했다. 유별나다니? 책은 이렇게 말한다. "누구를 위해, 얼마 동안 애도해야 하는지에 대해서는 어떤 원칙도 정해져 있지 않다. 우리가 어느 대상에게 감정적으로 긴밀하게 연결되어 있다면 우리는 바로 그만큼 슬퍼해야 한다." 내 행위가 고인을 잘 보내려는 내 나름의 애도 작업임을 나는 확인받을 수 있었다.

이 책은 "상실을 겪은 이들의 애도 과정에 훌륭한 동반자가 될 만한 책"이다. 상실감에 사로잡힌 사람에게 유익한 지침서이다.

아이를 키운다는 것

2011년 가을 연암서가에서 최성일의 『한 권의 책』 교정지를 보내왔을 때 나는 남편의 책에서 문제가 될 만한 서평 원고 몇 개는 싣지 않는 것이 좋겠다는 의견을 비쳤다. 지리서 관련 서평은 남편이 글을 쓴 당시의 정보가 시간이 지난 시점에서도 여전히 유효한지 확인하기가 어려웠다. 책의 가치와 무관하게 발표 당시 논쟁의 중심에 선 책의 서평 또한 서평집에 실리는 것은 바람직해 보이지 않았다. 서원희의 『아이 키우기는 가난이 더 좋다』의 서평도 일단 유보시켰다. 육아 관련 도서가 넘쳐나는 마당에 출간된 지 10년도 넘은 책을 누가 들춰나 볼까? 괜히 책의 두께만 키우는 꼴이 아닐까 하는 생각이 들었다.

그런데 "육아는 더 없이 소중한 체험이다"라는 남편의 원고 제목에 자꾸 마음이 쓰였다. 책 제목의 '가난'을 내세우는 대신 '육아'를 인생의 '소중한 체험'으로 보는 점이 '썩 괜찮을 책'일

거라는 생각을 갖게 했다. 육아에는 정답이 없기도 하지만, 육아만큼 소중한 체험도 없다는 것에 나 역시 동의한다. 더군다나 남편은 딸아이 출산 후 모유 수유를 하는 아내를 칭찬까지 한다. "아이를 순산해 모유로 키우는 집사람이 대견스럽고 고맙다." 갑자기 얼굴이 달아오른다. 심장박동이 빨라진다. 남편 살아서는 아무렇지도 않던 이런 글들이 눈물겹게 반갑다. 원고를 살려야겠다는 생각으로 가닥이 잡혔다. 남편은 『아이 키우기는 가난이 더 좋다』를 실용서로 보지 않고 에세이로 분류한다. 저자의 육아에 관한 '철학'이 돋보인다는 대목에서 이 책은 결정적으로 서평집의 열외로 밀려나지 않는다.

남편은 육아에서 지극히 보수적인 사람이다. 엄마의 역할을 강조하는 육아법에서 한 걸음 더 나아가 어린 자녀를 둔 여성의 사회생활을 별로 탐탁하게 여기지 않았다. 아이는 엄마가 키워야 한다는 생각이 강했다. 학교에서 돌아오는 아이를 맞아들이는 것도 엄마가 해야 하는 일 중 하나로 보았다. "아이를 왜 엄마가 꼭 키워야 하지요? 아빠가 대신할 수도 있지." 가끔 나는 이 '육아 원칙주의자'를 궁지에 몰면서 맞섰다. 남편은 엄마의 존재가 아이의 정서에 미치는 영향을 염려했다면, 나는 남녀평등 육아에 의미를 더 부여했다. 남편이 육아 문제에서 유독 엄마의 역할을 강조한 데에는 그의 유년시절 어머니가 자주 집을 비운 사실과 맞벌이하는 형님 내외의 가정 사정이 크게 작용한다. 그렇다 치더라도 남편의 육아관은 뭇 여성들의 반감을 사고도 남음이 있다.

자녀가 어릴수록 제3자에게 아이를 떠맡기는 일은 없어야 할 것이다. 어릴 적 환경이 아이의 정서에 미친 영향이 얼마나 지대한지는 이제 상식이 되었다. 아이의 분별력이 엄마와 타인의 체취를 구분하는 것에서 시작된다는 점을 고려한다면, 이 시기의 엄마 육아는 더 없이 소중할 수밖에 없다. 아이들에게 세상에서 가장 고소한 냄새는 '엄마 냄새'라는 말을 들은 적이 있다. 그러나 아이가 엄마 냄새를 고소하다고 받아들이는 시기는 금방 지나간다. 아이의 후각은 커갈수록 자기 반쪽의 체취를 찾아 모험을 떠나지 않던가! 아이에게서 엄마의 체취를 고소하다고 받아들이는 시기를 빼앗지 말자. 아이에게 엄마 냄새를 맡게 하자.

『아이 키우기는 가난이 더 좋다』는 "가난하지만 행복했던 어린 시절을 떠올리며 아이들과 단란한 가정을 만들어가는 한 주부의 따뜻한 육아 이야기"다. 저자는 아이의 인간됨에는 부모의 충분한 보살핌이 필요하다고 역설한다. 육아를 다시없는 소중한 체험으로, 아이와의 약속은 한 생명체에 대한 최소한의 예의로 보기도 한다.

저자는 육아를 부모가 된 이상 주어진 최소한의 의무라고 생각한다. 저자가 전업주부를 택한 이유는 조금 남다르다. "엄마는 너희들이 엄마를 가장 필요로 할 때 최선을 다했노라." 책임 면피성 발언이기는 해도 엄마 육아의 중요성을 실추시키지는 않는다. 내게 전업주부는 선택의 문제가 아니라 현실을 수용한 결과였다. 학생이자 백수인 상태에서 결혼하여 아이가 생기니 자연 전업주부로 돌입했다.

우리 부부는 아이들에게 언제부터 단체생활을 시작하게 할 것인지 그 시기를 놓고 저울질했다. 나와 남편은 아이의 단체생활이 주는 긍정적 측면에 못지않은 부정적 측면을 우려했다. 단체생활이 사교성을 키워준다고 하지만 아이의 개성이 고사되는 것은 원치 않았기 때문이다. 따라서 초등학교 입학 전 1년 정도부터가 적당하다고 봤다. 사립 유치원은 고려하지 않았고(사실 보낼 처지도 못 된다), 초등 병설 유치원을 보낼 계획이었는데 다행히 두 아이가 병설 유치원을 다닐 수 있었다. 혹여 아이가 유치원 생활을 원치 않는다면 아이의 뜻을 존중하기로 했다.

엄마들이 자녀가 어릴 때부터 어린이집으로, 유치원으로 아이를 보낼 수밖에 없는 것은 다 그만한 사정이 있어 보인다. 놀이터에 아이랑 놀 친구가 없다는 것이다. 아침마다 어린이집과 사설 유치원 버스가 아파트 근처에서 아이들을 싣고 떠난다. 처음 며칠이야 어린이집에 안 가겠다고 울며불며 떼쓰는 아이도 있겠지만, 시간이 지나면 그런 생활에 익숙해져 유치원 가는 것을 당연하게 받아들인다.

　둘째 아이의 또래들이 그렇게 아파트를 빠져나가고 나면 아파트 놀이터, 수영장의 유아용 풀장, 어린이 도서관, 도서관 옆의 공원과 숲이 나와 아들 녀석의 차지가 된다. 정말 아이들 구경하기가 힘들다. 엄마한테 붙어 있는 우리 아이가 사람들 눈에는 아무래도 이상하게 보이는지 내게 걱정스러운 눈빛을 보낸다. "아이를 어디 안 보내세요?" 아이들은 또래 아이들과 놀아야 한다는 둥, 엄마가 끼고 돌면 사회성에 문제가 생긴다는 둥 하면서 나를 문제 엄마로 몰고 갈 분위기다. 이런 경우 나는 조금 노골적인 말로 아예 말허리를 자른다. "형편이 어려워서요." 경제적인 능력이 안 된다는 사람에게 말을 하면 더 뭐하랴! 그런데 나라에서 육아 수당을 지원하는 지금이라면 어떻게 대답을 한다지? "기회는 지금이다!" 하고 나도 어린이집에 보내버릴까?

나비가 날아다니는 이른 봄부터 잠자리 날개에 힘이 꺾인 늦가을까지 나는 현덕의 『나비를 잡는 아버지』의 '나비를 잡는 아버지'가 돼야 했다. 아들 녀석이 네 살 되면서부터 병설 유치원에 들어가기 전까지다. 놀이터에서 발발 기어가는 땅강아지에 관심을 가진 이후, 녀석은 곤충 세계에 입문한다. 잠자리채를 휘두르며 곤충을 잡아들이기 시작한 것이다.

　나는 녀석의 부하가 되었다. 잠자리채를 옆구리에 끼고 앞장서는 녀석의 꽁무니에 따라붙어 하인 노릇을 한다. 사실은 거꾸로인 경우가 더 많다. 아이는 곤충 잡는 게 서툴다. 곤충이 아이를 잡는 격이다. 곤충을 놓치고부터는 달아난 곤충이 아까운지 곤충 잡는 일을 엄마에게 떠넘긴다. 아들 덕에 곤충 잡는 재미에 빠지고부터 나는 잠자리채를 엄마에게 넘기라고 녀석을 은근히 협박까지 한다. "아들, 네가 잡으면 다 놓친다!"

　털두꺼비하늘소, 폭탄먼지벌레, 귀뚜라미, 길앞잡이(이것은 잡을 뻔하다 놓쳤다. 그 벌로 나는 놓친 근방에서 놈을 잡으려고 이삼일 망을 보기도 했다), 나비, 메뚜기, 방아깨비, 벌, 잠자리 등이 포획물이다. 곤충채집이 있는 날은 집에 와서 둘이 곤충도감을 펼치고 실물 확인에 들어간다. 죽어가는 말벌까지 손으로 덥석 잡는 바람에 녀석은 응급실 신세까지 져야 했다. 올해 초등학교 2학년이 되는 아이가 가장 좋아하는 동물은 개구리다. 개구리의 말랑말랑한 촉감을 녀석은 사랑한다.

　나와 남편이 아이들의 단체 생활을 초등학교 입학 전 1년 정도로 선을 그은 데에는 아이들과 함께 할 시간을 확보하려는 계산이 있었다. 품 안에 자식이라고 했다. 자녀를 유치원으로, 학교로, 학원으로 빼앗기고 나면 부모인 우리는 아이들과 언제 시간을 함께 나눈단 말인가! 아이들이 자라는 것은 순간이고, 그들은 보금자리를 금방 떠날 것이다. 또래 친구가 없다는 핑계로 어린 자녀를 어린이집과 유치원으로 떠밀지 말자. 오전 한때는 아이가 엄마랑 단둘이 시간을 보내는 것도 좋다. 평일 오후와 주말이면 아이는 놀이터에서 친구들을 만난다.

엄마는 아이의 보호자이자 친구라는 사실도 기억하자. 그리고 아이는 언제나 엄마의 친구이다. 아이는 엄마가 잃어버린 유년기를 다시 경험하게 한다. 아이와 함께하면서 엄마는 내면의 동심을 살려낸다. 집 근방의 풀숲에서 잠자리채와 잠자리통을 들고 곤충을 쫓아다니는 시간은 생각보다 빨리 지나간다. 마흔 넘은 여자 혼자 잠자리채를 휘두르고 돌아다닌다고 생각해보라. '미친년' 취급받기 십상이다. 망아지처럼 날뛰는 아이를 옆에 세울 때 여자는 '신사임당'으로 격상된다.

엄마의 육아를 선택이 아니라 의무라고 생각하는 저자는 육아에서 가난이 주는 장점을 몇 가지 꼽는다. 아이를 건강하게 하고, 소박한 아름다움을 갖게 하며, 동심을 잃지 않게 한다는 것이다. 무엇보다 자연과의 교감을 가능하게 하는 것은 가난이 소모적인 생활에 덜 물들게 하기 때문일 것이다. 가난한 환경을 육아와 접목시키고 있는 저자는 부유한 생활을 멀리하자는 것이 아니라 벗어날 수 없는 가난이라면 그것을 육아에 적극적으로 활용하자고 주장한다. 절대 빈곤이 아니라면, 검소한 환경은 아이에게 뭔가를 채울 수 있는 여지를 그만큼 더 남긴다. 나는 저자와 종교관에서 갈라선다. 나는 아이가 어릴수록 특정 종교에 노출돼서는 안 된다고 생각한다.

다들 아이 키우기가 힘들다고 아우성이다. 절대 빈곤 못지않게 상대 빈곤이 만연한 시대여서 마음을 비우기도 어렵게 됐다. 어떻게 할 것인가. "부모가 자녀에게 주는 가장 고귀한 선물은 남편 혹은 아내를 지극히 아끼고 사랑하는 것이다."라는 말을 어느 책에서 읽은 적이 있다. 돈 안 드는 이 육아법을 한번 시도해보는 것은 어떨까.

'나비를 잡는 아버지'의 변명

뜻하지 않게 딸아이가 구독하는 〈고래가그랬어〉 때문에 교정까지 마친 원고(앞의 글, 「아이를 키운다는 것」) 마무리에 차질이 생겨 마음고생을 했다. 그래서 이 자리를 빌려 마음고생 한 이야기를 털어놓을까 한다. 딸아이가 〈고래가그랬어〉를 뒤적여 보다가 갑자기 지면에 시선을 고정시킨 채 내게 물었다. "엄마, 여기 나오는 최성각이 아빠 장례식장에 오셨던 그분이야?" 지면을 자세히 들여다보니 최성각 선생님이 맞다. 장례식장에서 뵙던 모습보다 훨씬 젊고 멋지게 나왔지만 말이다.

"그래, 최성각 선생님 그분이야. 왜?" "그런 줄 알았으면 그때 사인이나 받아놓을 걸." 사인 못 받은 것을 아쉬워하는 아이를 보고 있으니 여러 생각이 겹친다. 그때 저가 사인을 받고 자시고 할 그런 상황이었는가 말이다. 아이들이 집에서 '아빠'라는 단어를 의식적으로 안 쓰는 것 같아 걱정을 했는데 딸아이가 스스럼없이 '아빠'를 불러주니 그게 고맙고, 한편으로 엄마를 위해 어른스러운 여유를 부리는 것 같아 마음이 짠했다. 남편은 책에 저자 사인 받는 걸 좋아했다. 그런데 딸아이가 남편의 그런 취향을 그대로 드러내니 기분이 좀 묘했다. 이럴 때도 부전자전이라는 말을 쓰는지 원.

나는 딸아이 곁에서 잡지를 훑어보았다. 글은 잡지에서 문을 연 어린이 인문학교의 경제, 디자인, 생태 등에 관한 강좌 중 '생태' 관련 내용이다. 인문학교에 초대된 최성각은 "진짜 생태가 뭐야?"라는 주제로 어린이의 눈높이에서 생태라는 뜻을 풀어주고 생태에서 진짜와 가짜를 가려내면서 진짜 생태는 '생명 사랑'이라고 설명한다. 그는 지구상의 모든 생명은 다 소중한 존재라는 것, 사람이 생태계의 주인이 아니라는 사실을 강조한다. 옛사람의 생태 마음을 되돌아보자고, 자연에 대한 존경심을 갖자고 아이들을 설득한다.

    소설가 김성동이 최성각을 '생명사상가'라고 명명한 바 있듯, 잡지의 어린이 인문학교 강연에서 생명사상가로서의 그의 면모는 유감없이 드러난다. 그의 생태 강연은 아이들의 실생활에 근접한 탓에 이해가 쉬웠고 심각한 주제임에도 불구하고 재미났다. 인간의 이기심으로 병들어가는 지구를 이야기하는 대목에서는 분노와 안타까움이 독자의 가슴에도 그대로 전달되는 듯 했다. 그의 강연은 19세기 중반 제 땅을 미국 정부에 팔아야 했던 북아메리카 인디언 추장의 연설문을 생각나게 했다.

 최성각의 생태철학이 내 뒤통수를 때렸다. 이미 교정까지 마친 원고가 심기를 불편하게 했다. 어린이잡지를 읽은 타이밍이 좋지 않았다. 나는 육아를 핑계로 얼마나 많은 곤충을 잡아들였던가. 그는 강연을 갈무리하는 자리에서 어린이들에게 간곡히 당부한다. "동무들, 곤충채집하지 말아 주세요. 숙제라도 하지 마요. 누가 하지 말라고 했느냐 물으면 삼촌 이름(최성각) 말해요. 우리 주변에서 나비가 사라지고 있어요." 아들 녀석과 곤충을 잡으러 다닌 것을 무슨 '벼슬'이나 한 것처럼 떠벌렸으니, 이를 어쩐담. 무식하면 용감하다더니 세상천지에 제 무식을 자랑 삼아 떠든 꼴이 아니고 무어란 말인가! 그의 말이 옳고 내 행동이 잘못된 거라는 것을 알기에 내 글이 심적으로 부담스러웠다. 그의 강연 요지가 나를 주눅 들게 했다. 남의 생명을 빼앗는 곤충채집은 옳지 못한 일이다. 원고 주제를 다시 정해 써보자고 스스로를 달랬다.

 그때부터 육아 에피소드에 불과한 곤충채집 때문에 나는 골머리를 앓기 시작한다. 곤충 잡은 게 무슨 중범죄라도 되는 양 스스로에게 치도곤을 안기는 심정이 되었다. 최성각의 말대로 곤충은 잡아서는 안 된다. 더구나 곤충채집은 권장할 게 못 된다.

이미 작성한 원고를 버리고 다른 주제를 잡아 글을 쓰자 하니 일이 생각보다 쉽지 않다. 힘들여 쓴 원고에 자꾸 마음이 갔다. 아깝다는 생각, 그걸 어떻게 썼느냐 말이다. 잠을 설쳐가며 쓸거리를 고민하다가 밤을 샜다. 책을 읽다 보면 남들에게는 '영감'이 잘도 온 것 같더니만, 그 영감이라는 것이 이럴 때 내게도 와주기만 한다면 얼마나 고마울까. 남편은 책의 목차와 머리말을 훑고도 감이 잡히면 앉은 자리에서 원고지 20~30장 분량을 뚝딱 써내려가던데. 나 같은 사람에게 '영감'이 와줄 리는 없고… 에라, 모르겠다. 마감 날짜에 맞춰 원고를 일단 보내놓고 보자.

아들 녀석은 시골 외할머니 댁에 갈 때마다 잠자리채와 잠자리통 챙기는 것을 빠뜨리지 않았다. 제 이모의 자가용을 얻어 타는 경우 그것들을 챙기는 것이 덜 번거로웠지만, 대중교통을 이용하는 경우에는 사정이 달랐다. 아이들 챙기랴, 짐 챙기랴 정신이 사나워진다. 그렇다 하더라도 일단 챙겨 가면 기대 이상의 소득은 얻는다. 심심하다며 집에 가자고 조르지 않는다. 제 누나와 논으로 밭으로 뛰어다녀서 밤이면 바뀐 잠자리에도 불구하고 잘 곯아떨어진다. 녀석은 시골에서 잡은 생물들을 꼭 인천 집으로 가져가겠다며 고집을 부렸다. 그럴 때마다 나는 생물 개체 수를 줄여서 가져가야 한다는 조건을 달았다.

친정아버지 제사가 있은 다음날이었을 것이다. "엄마, 엄마." 하며 담장 저 너머에서부터 아이들이 다급하게 불러대는 것을 보니 뭔가 대단한 것을 잡은 모양이었다. 통을 들여다보니 긴 꼬리투구새우, 물방개, 올챙이가 있었다. 아이들의 목소리가 그토록 흥분돼 있었던 것은 긴꼬리투구새우 때문이었다. 나도 화석동물이라는 긴꼬리투구새우가 눈앞에서 살아 움직이는 것을 보니 흥분이 쉬이 가시지 않았다.

시골에서 나고 자란 나는 어릴 적 지천으로 깔려 있는 곤충에 무심했다. 시골 사람에게 기어 다니고 날아다니는 작은 생명체는 그냥 '벌거지'에 불과했다. '벌거지'가 '곤충'으로 격상되면서 그것들이 고유 이름을 얻게 되자 곤충에 대한 관심과 애정은 소유욕으로 이어졌다. 자연을 소유하려는 인간의 욕심은 언제나 비극적인 결과를 낳는다.

유월의 땡볕에 작은 곤충통의 수온이 올라 투구새우가 물의 온도를 견디지 못하고 그만 죽고 말았다. 그걸 계기로 나는 아들 녀석이 아무리 좋아하는 일이라 해도 허용해서는 안 되는 일이 있다는 것을 알게 됐다. 제 자식이 좋아한다고 남의 목숨을 함부로 다룰 권리는 아무에게도 없는 것이다.

남편은 공동주택에서 애완동물을 키우는 것을 달가워하지 않았다. 이웃에게 피해가 가는 것은 차치하고라도 동물의 입장에서 사람과의 공생이 강제적인 것이어서 바람직하지 않다는 것이다. 애완동물이 사람을 따른다고 해서 동물의 사람과의 동거가 동물의 행복을 보증하는 것은 아닐 것이다. 애완동물에게 옷을 입히고 먹이를 제한하고 우리에 가두는 행위는 어떤 점에서 동물학대일 수 있다.

그래서 딸아이가 햄스터를 키울 때 남편은 아이에게 직설적인 표현을 써서 애완동물을 키워서는 안 되는 이유를 설명했다. "거인이 너를 잡아다가 우리에 가둬놓고 키운다면 너는 마음이 어떨 것 같니?" 딸아이는 당황스러워하며 자기는 햄스터를 사랑하는 사람이지, 거인이 아니라고 펄쩍 뛰었지만 아빠가 아주 틀린 말을 한 것이 아니라는 것쯤은 아는 듯했다. 남편은 나와 아들 녀석이 집안으로 곤충을 들이는 것도 좋아하지 않았다. 그는 살아서 파닥거리는 것보다 단아한 모양새의 책을 좋아하는 사람이었지만, 기본적으로 남의 생명을 가지고 장난칠 권리는 인간에게 없다고 봤다.

곤충채집을 그만둬야 한다. 잠자리채와 잠자리통을 들고 다니는 사람에게는 벌금이라도 물려야 한다. 『잠자리채는 집에 놔둬!』(김황용 글·김선미 그림)에서처럼 아이에게 곤충에 대한 관심과 흥미를 불러일으키려면 곤충의 서식지에서 육안으로 관찰하는 정도에서 그쳐야 한다. 곤충의 촉감을 느껴보고 싶다면 곤충의 승낙을 받으려는 '생태 마음' 정도는 가져야 한다. 어부가 될지언정 낚시꾼은 되지 말아야 하듯, 곤충학자가 되려는 사람이 아니라면, 곤충을 함부로 잡아서는 안 될 것이다. 곤충 역시 소중한 생명체라는 것을 가르치고자 한다면 사람의 감각 기관만으로 족할 것이다.

내게 지행일치知行一致의 길은 당당 멀었다. 아직 인간으로 탈피하지 못했다는 뜻이다. 알고도 행하지 않으려 하니 말이다. 예까지 이르러서도 나는 여전히 곤충에게 야만적인 방법을 취할 태세다. 곤충에 대한 궁금증은 직접 잡아 풀고 싶은 거다. 나비 다리는 여섯 개라는데 '네발나비'의 다리는 진짜 네 개밖에 안 되는 건지를 육안으로 확인하고 싶다. 그럴 때는 잠자리채가 필요하다. 주변 사물에 호기심이 왕성한 시기의 아이라면 누구든 곤충학자나 생물학자다. 그런 아이들에게 곤충을 잡지 말라는 것은 가혹한 처사가 아닐까.

어른들이 어릴 때는 잡아놓고서, 지금은 곤충이 사라지고 있으니 아이들에게 잡지 말라고 하는 것은 어쩐지 부당해 보인다. 곤충도 인간과 똑같은 생명체로서 존중받아야 마땅하다. 장난삼아 곤충을 잡는 일 따위는 없어야 할 것이다. 그러나 생명의 소중함을 터득하기 좋은 예가 곤충이라고 할 경우, 곤충에 대한 친밀감과 친화력은 서식지의 육안 관찰만으로 부족한 감이 있다.

우리 주위에서 곤충이 사라지고 있다. 몇 년 전 아이와 곤충 채집을 할 때와 달리 요즘은 곤충이 눈에 더 안 띈다. 아이들이 곤충을 잡아서 우리 주변의 곤충이 사라져가고 있는 것은 아닐 것이다. 전국 방방곡곡을 개발이라는 명목으로 파헤쳐놓으니 곤충의 보금자리가 없어졌기 때문이다.

    자연 그대로의 곤충 서식지를 아이들에게 되돌려주자. 금지하는 일에 사람은 강한 유혹을 받는다. 아이들이라고 다를까. 무심할 정도로 많은 곤충이 사는 자연환경을 만들어준다면 아이들이 곤충을 잡아들이는 일도 줄어들 것이다.

'순옥'과 눈다래끼

대학 시절 남편과 교제 중 전화를 건 쪽은 주로 내 쪽이었다. 그 당시의 시댁은 일본식과 한국식 가옥을 적당히 섞어놓은 것 같은 특성 없는 단독주택이었다. 재개발지구로 지정돼 지금은 헐리고 없지만, 그 집에서 남편은 70년대부터 쭉 살았다. 안방에 전화기가 달랑 하나 있어서 내가 전화를 하면 남편이 전화를 직접 받은 경우는 가물에 콩 나듯 했다. 대개 아버님이 전화를 바꿔주셨다. 어르신들 곁이라는 것을 알고 있어서 둘 다 은밀한 언어가 오고갈 형편은 못 됐다. 기껏해야 안부를 묻는 것과 만나자고 운을 떼고 약속 시간을 정하는 것 정도. 그런데도 무슨 연유로 그리 자주 전화벨을 울렸는지 알다가도 모를 일이다.

남편이 기거한 방은 안채에서 마당을 가로지른 문간에 있었다. 수화기 너머 아버님의 슬리퍼 끄는 소리에 뒤이어 "성일아, 전화다. 후배오빠 찾는다."라는 말이 들렸다. 그러고도 남편이 전화를 받아들기까지는 시간이 더 걸렸다. 나와 남편의 전화 교환수시던 아버님이 하루는 당신의 막내아들을 후배오빠라고 부르며 따르는 그 후배 여자 이름이 궁금하셨던 모양이다. 내 이름을 물으셔서 남편은 이름은 알려드리지 않고 "그냥 좀 촌스러워요." 하고 말했단다. 그러니까 아버님께서 대뜸 "옥순이냐?"라고 물으시더라고. 남편은 가타부타 없이 그만 입을 다물고 말았다고 했다. 우리 아버님 그 많은 이름 중에 하필 '순옥'의 거꾸로 이름을 대실 게 뭐람!

정말 이름 때문에 나는 기가 죽는다. 촌스러워서 말이다. 마흔이 넘으니 이름이 입에 붙기는 해도 여전히 '순옥'은 낯설고 이물감이 느껴진다. 촌스러움이 순박하다는 뜻으로 통한다고 할지라도 나는 이 이름에 비호감이다. 꽃 중에 널리고 널린 개나리마냥 쌔고 쌘 이름인 '순옥'을 개나리꽃 대하듯 무덤덤하게 그냥 넘길 수 있었으면 좋겠다. '순옥'이든 '옥순'이든 어머니 세대에서 할머니 세대로 범위를 넓혀 직계, 방계를 가리지 않는다면 친척 중 꼭 한 분 정도는 이 이름을 가졌다. 가히 범가족적이자 시골 분위기 물씬 풍기는 아낙네의 이름이라 하겠다. 요즘 아이들 이름에 '순옥'이가 보이지 않는 게 얼마나 다행스러운지 모른다. '순옥'이라는 이름은 세대를 초월하여 부르기에 어째 시대착오적인 느낌이 들어서다. 내게 '순옥'은 아직도 몸에 맞지 않은 옷을 걸친 것처럼 부자연스럽다. 카세트 레코드에 녹음된 제 목소리를 들을 때처럼 멋쩍다. 나를 호명할 때 자신이 마치 타인처럼 여겨진다.

『눈 다래끼 팔아요』(이춘희 글·신민재 그림)는 잃어버린 자투리 문화를 그림책으로 엮은 '국시꼬랭이 동네' 시리즈 중 하나다. 『눈 다래끼 팔아요』는 제목에 드러난 그대로 예부터 전해오던 눈 다래끼 민간 처치법을 다룬 그림책이다. 이 그림책에 엄마 이름이 나와서 우리 집 둘째가 재미난 반응을 보인 적이 있다. 엄마들은 간혹 그림책 주인공 이름 대신 아이의 이름을 넣어 그림책을 읽어주곤 한다. 그림책의 내용에 따라 아이들의 반응은 당연히 갈린다. 못난 주인공에게 이름을 붙이면 얼굴을 찌푸리고 잘난 주인공이면 제가 진짜 그 주인공이나 되듯 우쭐해한다. 제 이름이 아니라 엄마 이름과 같은 아이가 주인공으로 등장하면 아이는 어떤 반응을 보일까. 나는 아이가 재미있어 할 줄 알았는데, 엄마가 자기를 놀리는 것으로 받아들였다. 둘째 아이가 엄마를 세상의 전부로 여기던 때이니 그런 반응을 보일 수도 있겠다 싶었다. 큰아이 같으면 엄마가 마음에 안 들면 부러 친구 부르듯, 하인 부리듯 엄마 이름을 갖고 놀았을 테지만 작은아이로서는 상상할 수 없는 일이었으리라.

『눈 다래끼 팔아요』의 주인공 순옥이는 찌질하기 이를 데

없다. 그림책은 엄마 입장에서도 영 꽝이다. 아들 녀석 앞에서 엄마의 위신을 살려주지 않기 때문이다. 그림책의 순옥이는 그 이름값에 준하는 얼굴로 등장한다. 눈 다래끼 때문에 한쪽 눈이 시뻘겋게 달아올라 볼썽사나운 얼굴이다. 순옥이의 눈 다래끼는 동네 사내 아이 만수의 놀림감이다. 엄마는 제 이름을 불러가며 그림책을 읽는 것이 낯간지럽지만 그래도 아들 앞이라 시치미를 딱 뗀다.

"순옥이가 공깃돌을 줍고 있어요." "만수가 물총을 쏘아 대며 순옥이를 놀렸어요." 아들 녀석은 '순옥'이라는 이름이 책에서 튀어나오자 적이 놀란 표정이다. 이내 엄마의 속셈을 알아챘다는 듯, "엄마 왜 그래?" 한다. 장난 그만 치고 주인공의 진짜 이름을 대란다. 책장이 넘어가도 순옥이가 퇴장하지 않으니 아이는 골을 낸다. 아직 글자를 깨치지 못한 아이다. 엄마는 아빠와 누나를 증인으로 내세워 주인공 이름을 확인시켜야 했다. "야, 순옥이 맞잖아? 그냥 순옥이래, 신순옥은 아니고." 아빠의 말에 녀석은 이후부터 이 그림책에서 엄마 이름을 갖고 퇴짜를 놓지 않았다.

아들 녀석 다섯 살 때 나는 녀석의 기억에 길이 남을 잊지 못할 생일선물을 했다. 어느 날 녀석의 감은 눈꺼풀 위로 콩알 같은 것이 툭 불거져 있었다. 그것은 어느 한 부위에 고착된 게 아니라 눈꺼풀 여기저기를 굴러다녔다. 이게 뭔가 싶어 더럭 겁이 나서 안과에 데려갔더니 콩 다래끼라고 했다. 콩 다래끼는 다래끼의 일종으로 피부의 지방샘과 같은 눈꺼풀 조직에 작은 콩알 모양의 덩어리가 생긴 것을 말한다. 안과의는 우선 항생제로 콩다래끼의 크기를 줄여보자며 1주일치 약을 처방했다. 그러나 약을 먹어도 콩알의 크기에 변화의 기미가 보이지 않았다.

가는 날이 장날이라고 병원을 다시 찾은 날이 아들 생일과 겹쳤다. 콩 다래끼를 적출해야 한다는 의사의 말에 마음을 굳혔다. 미뤄서 좋을 것 없다. 이왕 도려낼 거라면 하루라도 빨리 하는 게 낫다. 아들 녀석과 거래를 했다. 콩 다래끼 수술이 끝나면 아이스크림 케이크 사러 가자고. 눈꺼풀 부위에 마취액이 들어가자 아이는 겁을 먹고 버둥거렸다. 나와 간호사가 아이의 사지를 잡고 있는 사이 시술은 끝났다. 자지러지게 우는 아이를 달래가며 간호사는 수술 부위에 거즈를 마저 댔다. 외눈박이 아들 녀석을 보자 후크 선장이 떠올라 나도 모르게 웃음이 나왔지만 아이는 엄마에 대한 배신감에 치를 떨었다. 엄마를 거들떠보지도 않으려 했다. 아프게 한 사람이야 의사였지만 녀석은 그 책임을 엄마에게 다 뒤집어씌웠다. 나도 좋은 엄마는 못 된다. 모질게시리 녀석의 생일날 아이를 잡았으니.

콩 다래끼와 달리, 눈 다래끼는 속눈썹 뿌리에 세균이 들어가 눈시울에 생긴 부스럼을 이른다. 어릴 적 나는 눈 다래끼가 자주 났다. 눈의 이물감 때문에 손이 눈으로 가고, 가려워 비비고, 비비다 보면 눈자위가 벌겋게 달아올랐다. 그림책의 주인공 순옥이는 내 어릴 적 눈 다래끼 난 얼굴과 판박이다. 요즘처럼 위생 개념이 별로 없던 시절, 잘 씻지 않은 손이 화근이었을 터다. 그 당시 눈 다래끼를 낫게 한다고 약을 쓴 기억은 없다. 시일이 지나면 저절로 낫게 마련이어서 눈 다래끼는 질병 축에도 끼지 못했다.

아버지가 막내딸의 눈 다래끼를 알아차릴 무렵은 눈의 염증이 나을 기미를 보일 때쯤이었다. 아버지의 눈 다래끼 처치법은 이랬다. 조개껍데기 두 개를 주워와서 그중 하나에 침을 뱉는다. 눈 다래끼가 난 부위의 속눈썹을 한 개 뽑아 침 넣은 조개껍데기에 넣고 다른 껍데기로 닫는다. 한길에 놓아둔 조개껍데기를 누군가 차고 지나가면 눈 다래끼가 그 사람에게 옮겨간다는 것이다. 말하자면 아버지는 그림책의 '눈 다래끼 판다'는 민간요법을 쓴 것이다. 아버지의 말대로 하고 나면 정말 며칠 지나지 않아 눈 다래끼가 감쪽같이 사라졌다. 아버지는 눈 다래끼가 사라지는 적절한 타이밍을 알고 계셨던 모양이다.

동네에 사진사 아저씨가 왔지만 순옥이는 눈 다래끼 때문에 사진을 찍지 못한다. 옆에 서 있던 만수가 그런 순옥이를 다시 놀린다. "순옥이는 왕 다래끼, 눈 다래끼, 코 다래끼, 사~진도 못 찍는대요." 만수가 약을 올리자 순옥이는 쨀쨀 짜며 집으로 돌아와 마당에 주저앉는다. 눈 다래끼 때문에 놀림감이 된 손녀딸이 안쓰러워 할머니는 손녀의 눈 다래끼를 없애려고 주술적인 방법을 쓴다. 얼레빗과 물고기에게 손녀의 눈 다래끼를 가져가 달라고 주문한다. 방바닥에 얼레빗을 문지르며 "얼레빗에도 다래끼 나나?", 물고기 그림을 벽에 붙이고는 "물고기 눈에도 다래끼 나나?"를 외친다. 할머니는 여기에서 그치지 않고 손녀딸에게 삼거리에 가서 눈 다래끼를 팔고 오라고 시킨다.

눈 다래끼를 파는 행위는 정월 대보름의 '더위 팔기'와 마찬가지로 다소 이기적인 면이 있어 권장할 만한 것은 못 된다. 그것은 자신의 고통과 불편을 타인에게 전가시키는 행위이기 때문이다. 순옥이는 할머니가 뽑아준 속눈썹을 들고 삼거리가 아니라 만수네 집 쪽으로 방향을 튼다. 속눈썹을 돌멩이 사이에 끼어 넣고서는 망을 본다. 만수 이 녀석, 딱 걸렸다. 며칠 지나면 만수 녀석의 눈자위가 붉어올 게다. 쌤통이다. 순옥이가 '순옥'의 자존심을 살린다. 아들 녀석의 입가에 비로소 웃음이 번진다.

이름에 비호감이기는 하지만 나는 개명할 생각은 없다. 태어나고 싶어서 태어난 것이 아니듯, 이름 역시 원한 것을 가질 수 없는 노릇이다. 던져진 존재처럼 이름 또한 던져진 것이기에. 하지만 이름을 얻은 다음부터 사람은 그 이름으로 불리면서 이름에 합당한 존재가 되어간다. 주어진 이름으로 불리는 세월 동안 이름은 사람의 운명을 만들어간다. 나는 지금껏 내 이름으로 존재해왔다. 떳떳하지 못한 일을 행하지 않은 바에야 이름에 이토록 부끄러움을 탈 까닭은 없는 것이다. 부모가 지어준 이름이지만 내 이름을 가장 많이 불러준 이는 남편이다. 존재감을 주는 이름은 못 되지만 남편의 육성을 가장 많이 탄 이름이다. 그런 내 이름자에도 '자랑처럼' 봄이 고개를 내미는 날이 있으리니.

엄마는 복도에서
벌 받는 중

병설 유치원 입학식이 있은 다음 날부터 딸아이의 활동 무대는 집에서 유치원으로 옮겨졌다. 아이는 유치원 생활에 한껏 부풀어 아침마다 자고 있는 아빠를 깨워 언제 유치원 데려다줄 거냐고 성화를 부렸다. "유치원 갈 때는 아빠, 끝나면 엄마"라는 약속이 돼 있어서 남편은 아침마다 딸아이를 유치원까지 데려다줘야 했다. 남편의 딸과의 유치원까지의 동행은 워낙 운동량이 없는 그에게 아침 운동이라는 구실이 되었고, 나는 빠듯한 아침 시간에 허둥대지 않아도 되었다. 일석이조의 효과랄까.

딸아이를 유치원에 보내면서 내심 걱정을 했다. 엄마랑 너무 오랜 시간 붙어 지내는 아이들은 사회생활 적응에 어려움을 겪는다는 말을 종종 들었기 때문이다. 내 염려와 달리, 아이는 유치원에서 에너지를 맘껏 발산하고 돌아왔다. 집에 돌아와서는 참새처럼 조잘조잘 유치원 생활을 떠들어댔다. 그런 아이를 보면서 너무 늦게 집단생활을 경험하게 한 것 같아 괜스레 미안해지기도 했다. 유치원 이야기 끝에 털어놓은 아이의 불만은 유치원이 너무 일찍 끝난다는 거였다. "엄마, 유치원을 저녁까지 했으면 좋겠어요." 편식도 심하고 밥도 잘 안 먹던 아이였다. "밥 안 먹으면 유치원 못 가게 할 거야." 엄포를 놓으면 수저질이 그리 굼뜨지 않았다.

가을 무렵 아이의 유치원 생활에 변화가 왔다. 2006년 9월 11일은 남편에게도 내게도 아이에게도 잊을 수 없는 날이다. 서울 간 남편이 쓰러진 것이다. 한국출판마케팅연구소 직원이 남편의 소식을 알려왔다. 직원에게 남편이 다니는 병원 이름을 대며 그곳으로 가달라고 부탁을 했다. 울며불며 따라나서는 딸아이를 진정시킬 경황이 없었다. 딸아이와 아들 녀석을 이웃집에 맡기고 나는 남편에게 달려갔다. 병원에서는 이런저런 검사 결과 특별한 이상 징후는 보이지 않는다며 집에 가도 좋다고 했다. 그러나 진료비 계산서를 기다리는 도중 남편에게 다시 한 번 심각한 발작이 왔다. 부랴부랴 간이침대가 마련되고 남편은 그날 밤 응급실의 요주의 환자가 되었다.

병원에 있는데 딸아이는 울먹이며 몇 번씩 전화를 걸어왔다. 딸아이의 전화에 나는 처음에는 아빠가 괜찮아져서 집에 곧 갈 수 있을 거라고 달랬다. 그런데 남편의 상태가 나빠져 집으로 갈 수 없는 사정이 되고 보니 딸아이에게 말을 바꿔야했다. 아이는 아빠가 많이 아프다는 말에도 자기 얘기만 했다. 집에 들어갈 수 없는 저간의 사정을 얘기해도 아이는 막무가내였다. 엄마는 집에 꼭 와야 한다는 말만 되풀이했다. 흐느껴 우는 아이를 달래주지 못하고 나는 매정하게 전화를 끊었다. 다 큰 녀석이 엄마 속도 몰라준다고 타박하면서.

그 사건이 있고부터 딸아이는 유치원에 가지 않으려고 했다. 엄마 주변에서만 맴돌았다. 아이의 행동반경이 제 시야에 엄마가 들어오는 범위로 좁혀졌다. 아이가 유치원을 안 다니려 하니 우리 부부는 퇴원으로 가닥을 잡았다. 유치원에 아이의 사정을 얘기하고 퇴원의 뜻을 내비쳤더니 유치원 선생님이 말렸다. 그런 아이일수록 집에 혼자 두기보다 또래 아이들과 함께 지내는 것이 아이의 정서에 도움이 될 거라고. 엄마가 안 보인다고 불안해하면 아이를 위해 엄마도 유치원에서 지내보란다. 나는 선생님의 고언을 받아들여 아이와 함께 유치원생이 됐다. 아들 녀석까지 유모차에 태워 등원시켰다. 딸아이는 쉬는 시간뿐만 아니라 수업 도중에도 화장실을 핑계로 엄마를 자주 확인하러 다녔다. 아침 9시에 등원하여 급식까지 얻어먹은 근 석 달간의 유치원 생활은 겨울방학을 맞아 그만둘 수 있었다.

나는 아이의 분리불안 심리를 이해하지 못했다. 멀쩡한 아이가 아무리 심적인 충격을 받아도 그렇지, 어떻게 하루아침에 180도로 바뀔 수 있단 말인가! 사람은 마음먹기에 달렸다는 말을 들먹이며 나는 아이의 나약한 의지를 나무랐고, 또래 친구와의 비교를 통해 아이의 기분을 한없이 위축시켰다. 달라진 아이의 현실에 눈감은 채 시곗바늘을 원점으로 되돌리고 싶은 엄마의 욕심만 키웠다.

그리고 딸아이가 초등학교에 입학하는 날로 다시 1학년생이 되어야 했다. 담임선생님께 사정을 말씀드리고 아이가 엄마를 가장 잘 볼 수 있는 복도 한쪽에 자리를 잡았다. 복도로 난 투명 유리창을 통해 아이는 제 자리에서 앉았다 섰다 하며 엄마의 존재 여부를 수시로 확인하곤 했다. 시일이 지나면서 아이의 분리불안감이 덜어지고 수업 중 창문으로 고개를 내미는 횟수도 줄어갔다. 예전처럼 아이의 행동반경은 조금씩 자유로워지기 시작했다.

초등학교 교실 복도라는 공개적인 석상에서 3월 한 달 동안 나는 딸아이로부터 벌을 받았다고 생각한다. 부모로서 아이의 마음을 헤아리지 못한 죗값이니 벌을 달게 받았으리라. 허나 나는 아직도 사람이 덜 돼 그때의 기억을 잊어버리고 아이들의 가슴에 상처를 입히곤 한다. 갑작스럽게 환경이 달라지면 아이가 받는 스트레스는 자못 심대해서 평소 때와 다른 행동을 보인다. 자식에 대해 부모만큼 잘 아는 사람이 없다고 해도 심안으로 살피지 않는다면 아이의 문제 행동을 감지하기란 쉽지 않은 일이다. 아이가 부모에게 보내는 신호를 잘못 이해하거나 무시해버리릴 경우 돌이킬 수 없는 결과를 가져오기도 하리라.

입학 시즌이면 딸아이가 엄마를 복도에 세워두던 그때가 생각난다. 몇 십 년 만에 찾아온 3월 폭설로 비닐하우스 동이 통째 맥없이 내려앉은 해였다. 복도를 기웃거리는 스산한 봄바람이 등골까지 파고드는 한기에 몸서리치다 보면 가슴에서 비닐하우스에 버금가는 고달픈 삶의 무게가 무너져 내리는 소리가 들리곤 했다. 그때의 잔상이 남아서만은 아닐 것이다. 요즘 등굣길의 초등학교 새내기들의 얼굴 표정이 어두워 보이는 것은. 제 몸집보다 커다란 가방을 어깨에 메고 학교로 향하는 아이들의 모습은 안쓰럽기 짝이 없다. 아이다운 발랄함과 생기를 얼굴에서 벌써 거둬들인 것일까. 나이에 걸맞은 삶의 무게를 짊어지지 못하고 아이들이 휘청거린다.

『일학년이 된 엄마와 아빠』(베키 블룸 글·그림)는 초등학교 새내기의 학교 적응기다. 초등학교 입학은 우리의 인생에서 통과의례적인 의미를 지닌다. 유아기와는 다른 생활방식과 태도를 요구하는 학교생활은 아이들에게 적잖은 설렘과 긴장을 안긴다. 이전과 다른 견고하고 경직된 시스템에 편입되는 것이어서 유치원과 유사한 교실 환경일지라도 학교는 아이들에게 낯선 장소일 수밖에 없다. 유치원과 어린이집을 몇 년간 전전하며 사회생활 적응에 단련돼 있는 아이일지라도 예외가 아닐 것이다. 초등 입학 자녀를 둔 부모로서 자녀의 학교생활이 걱정스럽지 않을 수 없다.

　책에 등장하는 동물들은 낯선 세계에 편입되는 것에 호기심보다는 두려움이 앞선다. 교실에 들어서기도 전에 뒤돌아 집에 가려는 고슴도치가 있는가 하면, 구석진 곳에 꿔다 놓은 보릿자루처럼 우두커니 앉아 있는 비버, 귀를 축 늘어뜨리고 바닥만 들여다보는 토끼, 부모 뒤에 숨은 채 모습을 드러내지 않으려 하는 개구리와 곰이 있다. 입학 첫날부터 아이들은 잔뜩 주눅이 들었다.

　그림책은 새내기들의 학교생활 적응은 어른들 하기 나름이라는 것을 일깨운다. 그림책의 학부모는 새로운 환경에 낯설어하는 아이들을 위해 기꺼이 1학년이 된다. 선생님은 규율을 강조하기보다는 아이들의 마음을 헤아리려고 애쓴다. 새내기를 적응시키기 위해 동물의 생김새와 습성을 고려한 새내기의 첫 단계 과제가 아주 그럴듯해 보인다. 털과 붓의 연상 작용인지 고슴도치에게는 그림 그리기가, 집짓기의 명수 비버에게는 집짓기 놀이가, 초식동물 토끼에게는 꽃밭 가꾸기가 과제물이다. 선생님의 제안에 아이들은 "어떻게 할까?" 망설이면서 선뜻 나서지를 못한다. 그러자 어른들이 먼저 선생님의 말을 따르는 착실한 학생이 된다. 어른들은 아이들과 함께 그림을 그리고, 집짓기 놀이를 하고, 꽃밭을 가꾸면서 기꺼이 1학년 되기에 동참한다.

부모의 1학년 체험은 아이를 학교생활에 적응시키는 과정이면서 새로운 환경에 놓인 아이의 마음 읽기의 일환이기도 하다. 그런 경험을 통해 아이는 부모와의 유대감을 확인하고 부모를 일터로 보내야 하는 사실을 자연스럽게 받아들인다. 이제 아이들은 처음처럼 학교를 그리 낯설어하지 않을 것이다. 입학 첫날부터 교칙과 주의사항을 전달하면서 학생 관리에 시간을 쏟는 우리의 학교 현실과는 사뭇 다른 모습이다. 그림책은 일의 경중과 선후를 따질 줄 아는 어른들에 의해 생각과 접근법을 달리하면 아이들의 학교생활 적응이 순조롭게 진행될 수 있음을 보여준다.

자녀를 강하고 독립적인 아이로 키우고 싶어 하는 부모가 많다. 이른 시기에 부모로부터 자녀를 분리시키는 것이 어떤 근거에서 독립심이 강한 아이로 성장하는 건지 나는 알지 못한다. 다만 분리 과정에서 부모가 놓치기 쉬운 자녀가 겪을 수 있는 불행감에 대해 세심한 주의를 기울였으면 한다. 때로 무지랄 수밖에 없는 맹목적인 사랑의 이름으로, 자녀에게 모진 단계를 넘어 잔인한 수준의 양육을 하고 있는 것은 아닌지 점검해볼 일이다. 자녀가 주는 벌을 달게 받을지라도 벌 받는 기간이 길지 않게 하자. 돌이킬 수 없는 일이 일어나지 않도록 하자.

우리 가족이 '비빔툰'의
애독자가 된 사연

〈한겨레〉 2011년 12월 28일자 21면 머리기사 제목은 "'비빔툰' 14년 연재 마친 홍승우 작가"다. 그즈음은 흥미가 시들해졌지만 나도 한때는 '비빔툰' 열혈 독자였다. 첫째 아이를 가졌을 때부터 거르지 않고 신문을 통해 읽어왔다. 그러니까 딸아이로 말하자면 세상에 나오기 전부터 엄마 뱃속에서 '비빔툰'을 보아온 셈이다. '모태 비빔툰'이라고 불러야 할지.

하여 기사를 보자마자 나는 딸아이부터 불렀다. 호들갑스러운 엄마의 목소리에 아이는 무슨 대단한 일이라도 일어난 줄 알고 제 방에서 거실로 뛰쳐나왔다. "엄마, 무슨 사건이라도 터졌어?" "비빔툰 이제 그만 나온대." 아이는 내 손가락이 가리키는 기사를 훑더니 이내 시무룩해졌다. "어, 정말이네…." 말꼬리를 흐렸다. "엄마, 내 가슴에서 태양이 사라지는 느낌이야!" 물기가 촉촉이 밴 목소리였다. 기가 찰 노릇이었다. 실망할 거라는 것은 예상했지만 과장하기 좋아하는 아이다움의 진수를 보이리라고는 상상 못했다.

딸아이의 꿀꿀한 기분을 생각해서 몇 주 쌓인 신문을 거실에 펼쳐놓고 나는 스크랩을 시작했다. 두 아이가 자동으로 내 옆에 앉았다. 식구마다 관심 분야가 달라서 스크랩할 내용이 다 제각각이다. 나는 생각거리를 주는 기사와 칼럼을, 만화와 아기자기한 것을 좋아하는 딸아이는 키치적인 속성의 사진과 '비빔툰'을, 아들 녀석은 동식물 관련 사진에 눈독을 들인다. 살아서 남편이 혼자 하던 신문 스크랩이 어느덧 세 식구가 달려들어 한 달에 한두 번 꼴로 치르는 집안 행사가 되었다.

신문 스크랩이 끝나자 딸아이는 "엄마, 홍승우 작가님 블로그에 쪽지 남겨도 돼?" 하고 물어왔다. '비빔툰'을 '모태 신앙'(?)으로 가진 딸아이가 신자로서의 독실함을 작가에게 내보이고 싶은 심정은 어찌 보면 당연한 일이리라. 아이의 말은 컴퓨터 사용을 허락해달라는 거다. 정해진 시간 외에는 컴퓨터 사용이 금지돼 있기 때문이다. "그러려무나." 두말없이 흔쾌히 승낙을 했다.

'비빔툰' 연재 중단 소식이 들리는 시점에서 2년 전에도 〈한겨레〉는 '비빔툰' 작가 홍승우 기사를 대문짝만하게 실은 바 있다.

2009년 5월 13일자에서 작가는 '비빔툰' 10돌 기념으로 축배의 잔을 들었다. "'정보통 가족' 독자와 함께 늙어가고 싶어요"라는 제하 글에서 작가는 '비빔툰'에 대한 애정과 장수 만화로 살아남 겠다는 포부를 드러낸다. "욕심을 버리고 바람 부는 대로 느끼는 대로 천천히 가는 만화를 그릴 겁니다. 사실 우리 사회는 '장수' 가 힘든 분위기인데, 〈비빔툰〉은 20년이고 30년이고 장수하는 만화가 됐으면 하는 바람이에요. 저 또한 인내심을 갖고 계속 그 릴 테니, 독자 여러분도 인내심을 갖고 지켜봐주셨으면 해요." 이런, 30년을 내다보더니 3년도 안 돼 꼬리를 내리다니! 작가는 소재 고갈과 새로운 작품 구상 등을 이유로 연재를 중단한다고 밝힌다. '비빔툰'을 찾아 읽는 것이 신문 보는 낙이던 독자로서 는 아쉬움이 남을 수밖에 없는 일이다.

'비빔툰'은 1999년 5월 〈한겨레〉에 연재를 시작한다. 연재 초기부터 나와 남편은 '비빔툰'에 재미를 붙였다. '비빔툰'의 정 보통 가족 캐릭터는 그보다 한 해 앞서 창간된 〈한겨레리빙〉에 실린 바 있는 '정보통 사람들'에서 데려왔다. 건조한 뉘앙스의 '정보통'과 '생활미'라는 부부 이름은 생활정보신문에서 따왔다 는 설명이다. 우연인지 인연인지 정보통 부부가 아이를 낳고 기 르는 시기에 맞춰 우리 부부에게도 아이가 생겼다. 정보통 가족 과 처지가 비슷하여 우리 부부는 '비빔툰'에 공감한 바가 컸다. 즈믄둥이 딸아이는 뱃속에 있을 때부터 '비빔툰'을 읽어온 탓인 지 '비빔툰'에 남다른 애착을 보였다. '비빔툰'에 인이 박였다고 해야 할지. 딸아이를 통해 나는 태교의 중요성을 절감한다.

'비빔툰 14년'이라지만 '비빔툰'이 내리 개근한 것은 아니다. 2002년 즈음 작가에게 찾아온 슬럼프 때문에 '비빔툰'은 일곱 달 정도 휴식기를 갖는다. 그는 "재충전의 시간을 가진 뒤 의욕이 충만해지면 다시 시작하리라"는 약속을 했고 재충전 후 진짜 독자의 품으로 돌아온다. 그때처럼 이번에도 그는 독자에게 다시 돌아올 거라고 약속한다. 그런데 이번에는 어째 그가 돌아오지 않을 거라는 쪽으로 표가 던져진다. 확신에 찬 어조 이면으로 작가의 심적인 부담감이 읽히기 때문이다. "정보통 가족, 언젠간 돌아올게요".

작가는 앞으로 전개될 이야기까지 귀띔한다. "매콤하고 과격한 가족 얘기"다. 구체적으로 사춘기 아이와 사추기 아빠 얘기가 될 거란다. 정보통 가족이 나이를 먹으면서 자연 아이들은 사춘기에 접어들고 정보통은 사추기를 맞게 될 것이다. 그런 점에서 앞으로 펼쳐질 정보통 가족 이야기가 지금껏 보아온 온정적인 분위기에서 환골탈태하는 일은 없을 것이다.

'비빔툰'은 "일상의 진솔한 이야기들을 건강한 유머와 웃음으로 풀어낸 가족만화"다. 작가는 '비빔툰'의 소재를 작가의 가정에서 직접 조달한다. "만화가라 어디 출근하는 것도 아니고 집에서 근무를 하는데, 〈비빔툰〉 소재를 찾으려고 가족만 바라보게 되더라고요." 이어지는 것은 가족을 한낱 '소재덩어리'로 인식하는 자괴감과 미안함이다. 또한 자녀에 대한 우려도 더해진다. "'아이들이 스스로 생각해야 하는데, 내가 만든 캐릭터에 너무 갇혀 사는 건 아닐까' 하는 걱정"이 들었단다. 작가를 작품의 인물과 동일시하는 것은 금물이라고 해도 독자는 작가를 작품의 인물로 간주하는 경향이 있다. 작중 인물은 작가의 제2의 자아이기도 하기 때문이다. 가족애가 담긴 작가의 발언은 기실 지금껏 보아온 정보통의 가족 사랑과 그다지 다른 것이 아니다. 그래서 독자는 정보통을 통해서 작가의 인간성을 가늠하는 순진성까지 발휘하는 것이리라.

　작가의 블로그에 글을 올리고 며칠 뒤, 딸아이는 작가로부터 쪽지를 받았다. 쪽지를 받은 딸아이의 얼굴은 함박꽃이 되었다. 들뜬 마음에 자랑하고 싶어 못 견디겠다는 듯 엄마와 남동생까지 불러서 쪽지를 확인시켰다. 어린 독자를 부성애로 감싸주는 작가의 쪽지는 엄마가 봐도 감동적이었다. 역시 '정보통 홍승우'라는 생각을 했다.

　처자식을 먹여 살리느라 출근길 대중교통에서 살아남기의 정수를 보이던 초창기의 정보통에서 초등학교 자녀에게 '따' 당하는 최근의 정보통까지 '비빔툰'의 한결같은 주제와 관심사는 가족애와 가족이다. '비빔툰'이 일탈을 꿈꿀 수 없는 까닭이다. 그렇기에 연재가 길어지면서 신선한 맛과 감동은 덜할 수밖에 없었다. 비슷한 내용이 재생산되고 매너리즘에 빠진 느낌을 불러일으켰다. 나와 남편은 애완견 '정비글' 등장부터 '비빔툰'에 소홀했다. 우리 부부가 애완견에 비호감을 가진 탓도 있겠지만 만화가 다분히 '소재주의'에 봉착한 듯했다.

'비빔툰'에서 기억에 남은 것은 「자유란 없는 걸까?」(『비빔툰 1』)다. 아기 가진 엄마의 심정을 리얼하게 그린 만화다. 생활미는 아이 낳고 처음으로 갓난쟁이를 남편에게 맡기고 외출 기회를 얻게 된다. 그러나 자유를 누리기는커녕, 아기와 남편의 환영과 환청에 시달리며 부랴부랴 집으로 돌아오고 만다. 어린 자식을 남편에게 맡긴 것이 못 미덥기도 하거니와, 아기와 분리되지 못한 초보 엄마의 불안한 마음이 자초한 결과이리라. "응애, 응애" "여보, 여보" 나뭇가지와 가로등 그리고 하늘에 매달려 아기와 남편이 엄마이자 아내인 활미를 애처롭게 불러댄다. 초보 엄마라면 활미의 심정이 충분히 이해될 것이다. 젖먹이 엄마에게 자유란 아직 시기상조인 것이다.

'비빔툰'은 독자에게 바로 '우리 가족 이야기'라는 생각을 불러일으킬 정도로 독자가 아는 친숙한 세계를 계속 이어갔다. 정보통 부부의 큰아이 다운이에게 겨운이라는 여동생이 생기고 난 후, 딸아이에게도 남동생이 생겼다. 둘째 아이는 제 누나를 통해 자연 '비빔툰'의 독자가 되었다. 제 누나의 취향에 따라 아들 녀석은 총과 칼을 휘두르는 전투적인 놀이보다 소꿉장난과 책 보는 것을 놀이로 삼았다. 글자를 깨친 딸아이는 어린 동생의 선생님 노릇을 하면서 『비빔툰』을 읽어주기 시작했다. 아들 녀석은 깔깔거리며 좋아라 하더니 나중에는 엄마에게 읽어달라고 『비빔툰』을 척하니 안겼다. 정보통 가족은 '집'이 여러 채다. '비빔툰'에서 '이사'를 다닌다. 그들은 『부모자격시험문제』, 『다운이 가족의 생생탐사』, 『빅뱅스쿨』에서도 살아간다. 그렇기에 '비빔툰'을 굳이 고집하지 않더라도 독자는 정보통 가족을 다른 책에서 만날 수 있을 것이다.

『비빔툰 1』은 딸아이에게 특별한 의미를 가진 책이다. 딸아이 일곱 번째 생일 선물로 남편이 사준 책이다. 면지에 생일 축하 문구가 적혀 있다. 4학년일 때 딸아이는 좋아하는 만화 캐릭터 그리기에서 정보통 가족을 그렸다. 남편은 아이의 캐릭터 그림을 보고 "작가 뺨치게 그렸다"는 말로 그림 솜씨를 칭찬했다. 그리고 허언이 되고 말았지만, 남편은 딸에게 작가를 아는 사람으로부터 작가 싸인을 받아보겠다는 약속을 했다. '비빔툰'에서도 유명인의 싸인 받는 장면이 몇 번 나온다. 우리 집 부녀처럼 어느 집에나 싸인 받기 좋아하는 부류가 있는 모양이다.

봄이 되면 『비빔툰 9』와 애견 육아만화 『안돼~ 기다려!』가 출간될 예정이란다. 장수 만화 '비빔툰'이 있어서 우리 가족은 장수 독자가 될 수 있었다. 역으로 우리 가족과 같은 독자 덕에 '비빔툰'은 장수 만화로 살아남을 수 있었을 것이다. 정든 이웃을 멀리 떠나보내는 심정으로 '비빔툰'의 정보통 가족을 보낸다.

가족이라는 이름으로

초등학교 학예회의 단골 메뉴 중 하나는 동요 〈아빠 힘내세요〉다. 병설유치원 졸업식에서 아들 녀석은 학교 강당에서 이 노래를 부르며 악기를 연주했다. 아빠가 중환자실에서 하루하루를 연명하던 때였다. 아들의 응원가는 아빠에게 별 효험이 없었다. 1학년 2학기 들어 아들 녀석은 수업시간에 학예회를 연습하느라 힘들다는 말을 자주 했다. 학예회 때 무얼 하느냐고 물어도 돌아온 대답이 시원찮았다.

학예회 때 가서 보니 아이 반은 〈아빠 힘내세요〉를 부르면서 율동을 했다. 아빠가 돌아가시고 난 후의 일이다. 있지도 않은 아빠를 향해 아이가 무대에서 "아빠 힘내세요"라고 외치는 것을 보면서 내 감정은 걷잡을 수 없는 상태가 되었다. 아이의 속은 오죽할까. 남편의 빈자리를 생각할 것이 아니라 엄마로서 아빠의 빈자리를 헤아려야 한다는 것을 깨달았다.

그 즈음 생각해낸 일이다. 집안의 침울한 분위기를 몰아내기 위해 무슨 수라도 써야 한다는 것을. 무슨 흉계를 꾸며서라도 집안 분위기를 바꾸어야 한다는 것을. 아이들 때문이라도 그래야 했다. 아이들과 내가 함께 할 수 있는 일로 무엇이 좋을까. 식구들이 몸을 놀리는 것을 좋아하지 않아 운동보다 책 읽기가 좋을 듯했다. 책 선정에 골몰하다 보니 『김성동 천자문金聖東 千字文』이 눈에 들어왔다.

이사를 다닐 때마다 우리 집은 거실 앞쪽 벽에 보통 크기보다 큰 책을 꽂을 수 있는 책꽂이가 들어섰다. 이사에도 불구하고 책의 위치가 아주 흐트러지는 일은 없었다. 『김성동 천자문』은 서너 번의 이사에도 번지수를 잘 찾았다. 거실 소파에 앉으면 정면의 어른 눈높이쯤에 둥지를 틀었다. 시선을 받기 좋은 자리였지만 언제나 그뿐이었다. 언젠가 읽어봐야지 하는 생각은 했지만 그 때란 언제 봐도 시기상조였다. 그런데 그 책이 세 사람을 끌어들였다. 두 아이와 함께 읽을 책은 그렇게 내게 왔다.

책의 머리말에 따르면 『천자문』은 중국 남북조시대 양나라의 문인 주흥사가 지은 책이라고 한다. 구체적인 사연은 알 수 없으나 주흥사가 황제의 노여움을 사 죽음의 벌을 받게 되었다. 그런데 주흥사의 재주를 아까워하던 황제가 "하룻밤 안에 1,000자를 가지고 사언절구의 문장을 지어내면 죄를 용서해 주겠다"고 한 것이다. 하룻밤 사이에 4자 1구의 250수 1,000자를 채우고 나니 주흥사의 머리칼이 허옇게 세어버렸다.『천자문』을 '백수문白首文'이라고 부르는 까닭이다. 그러나『천자문』의 지은이가 누구인지에 관한 설은 아직도 분분하다. 김성동은 위나라 때 종요와 진나라 때 왕희지 이후 앞 시대의 글과 글씨를 배우는 사람들이 글자를 가필하고, 종요와 왕희지에 더하여 여러 명필들의 글씨로 쓰이면서 오늘의『천자문』에 이르렀을 거라고 추측한다.

　『김성동 천자문』은 책표지에 적힌 대로 "하늘의 섭리 땅의 도리"에 관한 글이다.『천자문』은 옛사람들이 한문을 배우는 첫걸음으로 으뜸본 바탕책이자 길잡이책이라는 설명이다.『김성동 천자문』특징은 지면 상단에『천자문』4자 2구가 배열되고 거기에 주해가 달린다. 그리고 지면 하단에는 천자문 관련 김성동의 이야기가 덧붙여진다.

　『천자문』의 "하늘 천天 따 지地 검을 현玄 누를 황黃 집 우宇 집 주宙 넓을 홍洪 거칠 황荒"에 토씨가 달려 "天地는 玄黃이고 宇宙는 洪荒이라"라는 문장이 뒤따른다. 이에 대한 해석은 "하늘은 검고 땅은 누르며 우주는 넓고도 거칠다"이다. 그 아래 뒤따르는 것은 "하늘과 땅 사이는 사람의 꾀로는 헤아려 볼 수 없게 넓고 크며, 그리고 텅 비어서 끝이 없다는 말임"이라는 김성동의 쉬운 뜻풀이다. 서두 첫 2구가 하늘의 섭리에서 시작한 탓에『천자문』을 읽기 전에는 감으로 하늘과 땅의 섭리에 관한 구가 주를 이루겠거니 했다. 하지만 그보다 『천자문』은 인간의 도리에 관한 글이 압도적이다.

『천자문』이 신분사회의 토대 위에서 그것을 유지하려는 의도에서 지어졌다는 것을 생각하면 군자의 도리, 효와 충 그리고 예의 덕목은 강조될 수밖에 없다. 책표지에 "인간의 도리"까지 포함시켜야 하는 것이 아닌가 싶다. 옛사람은 신神이라는 말 대신에 천天을, 자연自然이라는 말 대신에 지地를, 인간人間이라는 말 대신에 인人이라는 말을 사용했다고 한다. 그런 점에서 『천자문』은 천지인天地人 삼재三才에 관한 고문古文이라고 할 것이다.

두 아이를 앉혀놓고 서당 훈장 노릇을 날마다 하기에는 무리가 따랐다. 가족이 한자리에 앉아 책 읽을 짬을 내는 것이 생각보다 쉽지 않았다. 시간에 구애받지 않은 날에는 날마다 진도를 나갔지만, 시간에 쫓기는 날에는 2~3일 간격으로 두세 페이지씩 읽어갔다. 무릎을 꿇고 앉아 "하늘 천 따 지" 하며 음의 장단과 고저에 맞춰 시조를 읊조리듯 읽어나가니 제법 서당 분위기가 났다.

책 읽기는 세 식구에게 뭔가 특별한 일을 하고 있다는 느낌을 줬고 가족의 결속력을 강화시켰다. 몸이 고달플 때는 읽기를 건너뛰었지만, 아이들이 이유 없이 "하루쯤"은 하며 게으름을 피우면 훈장으로서 간간하게 굴었다. 책 읽는 목적을 분명하게 밝히면서 게으름을 질타했다. 『천자문』은 뒤로 갈수록 난해하여 수박 겉핥기 식이 됐다. 그럴 때면 서당 분위기만 대충 잡고 김성동의 이야기보따리에 공을 들였다. 이야기보따리는 저자의 개인사에서 정치, 경제, 사회, 문화, 시사 등을 풀어쓴 유익하고 흥미로운 에세이다. 그렇게 석 달 넘게 『김성동 천자문』을 읽다 보니 완독 고지가 눈앞에 보였다.

『천자문』 읽는 재미를 배가하는 김성동의 에세이를 통해 나는 훈장 노릇하는 첫날부터 운명처럼 시인 박정만의 종명시^{終命詩}와 대면한다. "나는 사라진다/ 저 광활한 우주 속으로." 단 두 행의 짧은 시에서 남편의 육성이 묻어난 듯했다. 그러니 내 심장은 콩닥콩닥 뛰고 목소리가 떨리는 것도 무리가 아니었다. 김성동은 무시무종^{無始無終}의 광활한 우주의 단상에 시인의 종명시를 포개놓았다.

나는 남편의 『어느 인문주의자의 과학책 읽기』에서 종명시를 만났다. 종명시를 통해 남편은 운명을 예감하는 발언을 한다. 남편은 「탁월한 우주 해설자의 삶과 열정」에서 화성의 먼지로 이루어진 어두운 부분을 "재생"으로 보는 증거라고 할 때, '재생하는'이 무슨 뜻인지에 고심한다. "어디서 찾지? 책을 읽던 중 문득 이런 시구가 떠올랐다." 박정만의 「終詩」다. 왜 하필 남편은 '재생'이라는 의미에서 소멸의 노래를 떠올렸을까? 이후 「終詩」가 내 머리에서 떠나질 않았다. 남편 와병 중에 출간된 책이라 이 부분이 유독 마음에 걸렸다. 남편이 세상을 떠났을 때 나는 「終詩」에 쓰인 대로 그가 광활한 우주 속으로 사라졌을 거라는 생각을 했다.

김성동은 다섯 살 무렵부터 할아버지 앞에 무릎을 꿇고 『천자문』을 배우기 시작한다. 해방 직후의 혼란과 한국전쟁 와중에 부친을 잃는 불운을 겪기도 한 그는 배고픔의 고통에 허덕이고 아비보다 못한 자식이라는 조부의 장탄식에 마음의 상처를 입으며 유년기를 보낸다. 여수로, 목포로 유랑하는 젊은 저자에서 "성정性靜하면 정일情逸하고 심동心動하면 신피神疲하니라"라는 『천자문』 4언 2구가 겹친다. 마음이 흔들리면 정신이 고달플 수밖에 없다. 피폐한 시대와 환경에서 나고 자랐으니 저자의 정신이 고달픈 것은 당연지사. "쓸쓸했고 허전했고 슬펐고 외로웠으며 그리고 죽고 싶었습니다."라는 글에 이르면 가슴이 콱 막혀온다. 그리고 실지로 그는 자살을 감행한다. 절망을 이겨낼 수 있는 방법은 절망밖에 없다고 생각한 것이다.

"독서지유환지시讀書之有患之始니 절학무우絶學無憂"라는 말을 입에 달고 살던 저자의 조부였지만 조부는 그에게 책을 읽어야 사람이 된다는 것을 역으로 강조하는 분이었다. 배우지 않으면 어둡고 깜깜한 흑암 속에서 한 점 등불도 없이 다니는 것과 같다는 것을 상기시키면서 말이다. 절망을 절망으로써 극복하지 못한 저자는 조부의 가르침대로 책을 삶의 등불로 삼는다. "책이야말로 이 답답하고 힘겹기만 한 티끌세상을 헤쳐 나갈 수 있는 오직 하나의 뗏목이었다." 책이 슬픔과 외로움과 허기를 달래주는 치유제인 셈이다.

저자는 옛사람의 "자기 자신을 읽을 수 있는 사람이라야만 비로소 만물만상萬物萬象을 읽을 수 있다"라는 견해를 빌려 독서철학을 펼친다. 책을 읽기는 쉽지만 자기 자신을 읽기는 참으로 어렵다는 것, 그러니 책이 자기를 보게 하여 마침내는 자기가 책을 보는 것이 아니라 책으로 하여금 자기를 읽게 하라고 독자에게 주문한다. 다산 정약용이 자녀에게 보낸 편지와 독서삼매에 빠진 남명 조식 등을 예로 들면서 저자는 독서의 중요성을 강조한다.

하늘 천天으로 시작되는 『천자문』의 마지막 자는 잇기(어조사) 야也다. "위어조자謂語助者는 언재호야焉哉乎也니라. 문장의 토씨라고 일컫는, 언焉·재哉·호乎·야也의 구실쯤은 내 『천자문』이 할 것이다." 토씨는 글귀를 이루고 말을 만들 때 없어서는 안 되는 글자를 뜻한다. 앞의 문장 뜻인즉, 『천자문』이란 '언焉·재哉·호乎·야也'와 같다는 것이다. 이것은 『천자문』을 토씨 수준으로 낮춰 보는 『천자문』 저자의 겸손의 표현이라는 것이 김성동의 설명이다.

김성동은 『천자문』 마지막 장 에세이에서 무위당 장일순의 일화를 들려준다. 무위당의 조부는 무위당이 공부를 못해도 "잘

했다. 앞으로 더 잘해라"라는 말로 손자의 기를 꺾지 않았다고 한다. 저자 또한 『천자문』의 마지막 관문을 통과하는 독자에게 이 말로써 격려하고 싶었을 터다. 나와 아이들도 번갈아가며 이 말로써 서로를 칭찬했다.

『김성동 천자문』에는 볼거리가 많다. 옛사람의 다양한 서적, 그림, 사진이 그것이다. 그리고 『천자문』이 끝나면 저자의 6대조 김화순의 「삼백이십자」, 저자의 8대조 김서행의 「죽서독서록」과 「명물도수」가 후식으로 마련돼 있다.

『김성동 천자문』을 완독하는 날 우리 가족은 뭔가를 성취한 뿌듯함에 환호성을 질렀다. 처음 약속한 대로 아이스크림과 과자를 준비해 책거리를 했다. 먼저 가버린 사람을 기리는 마음으로 시작한 "가족이라는 이름으로"의 후속 프로그램 교재도 마저 정했다. 성경이다. '창세기'에서 '출애굽기'를 지나 '레위기'까지 왔다. 잠자리에 누워 두 아이는 엄마가 읽어주는 성경을 듣는다. 자장가용이다. 나는 목소리 톤을 훈장 선생님에서 목사님으로 바꿨다.

삶의 무게를 더한 그림책

그림책을 읽다 보면 어린이보다는 어른을 위한 그림책을 종종 만난다. 『아버지와 딸』(미카엘 뒤독 데 위트 글·그림)과 『언젠가 너도』(앨리슨 맥기 글·피터 H. 레이놀즈 그림)가 내게는 단연 그렇다. 생과 사를 아우르는 내용에 그리움의 정서가 더해진 두 그림책은 언제 읽어도 울림이 크고 웅숭깊은 맛이 느껴진다. 독자의 감정 기복에 따라 마음의 무늬를 달리 새기게 하는 그림책이다. 그림책이 우수에 뿌리를 둔 탓도 있겠지만, 일차적으로는 그림책의 의미장이 그만큼 넓다는 뜻일 게다. 어른용 그림책이라고 아이들이 읽지 못한다는 말은 아니다. 다만, 인생을 어느 정도 살아야 맛볼 수 있는 주제와 정서를 다루는 그림책이 있다는 것이다. 그런 그림책은 아이들이 수용하기에 다소 버거운 느낌을 준다.

사노 요코의 『세상에 태어난 아이』와 『100만 번 산 고양이』를 처음 읽고서 내 반응은 "이게 뭐지?"였다. 정말 이게 무얼 말하고자 하는 걸까? 전생에 관한 얘기란 말인가, 하는 생각이 머릿속을 불쑥 파고들었다. 『세상에 태어난 아이』의 태어나지 않은 아이는 어린왕자처럼 우주를 떠돌다가 지구별까지 왔다. 여기서 중요한 것은 아이가 태어나지 '못한' 것이 아니라 태어나고 싶지 '않았기' 때문에 세상에 태어나지 않은 존재라는 것이다. 태어나고자 하는 의지와 욕망이 없는 까닭에 태어나지 않은 아이는 태어난 존재들에게 어떠한 관심도 갖지 않는다. "태어나지 않았기 때문에 아무런 상관이 없"다는 식이다. 태어나지 않은 이유로 아이는 살아가는 것과 어떤 관계를 맺을 수 없는 상황이다.

 사람의 나고 죽음을 신의 소관으로 받아들이는 독자에게 태어나지 '못한' 게 아니라 태어나고 싶지 '않았기' 때문에 세상에 태어나지 않은 거라는 생각은 적잖이 당혹스럽다. 다소 도발적인 생사관에 기대어 이야기의 흐름을 따라가다 보면 아이의 태어나고자 하는 의지를 자극하는 욕망의 대리물 또한 독자의 상상 밖이다. 태어나고자 하는 욕구를 자극하는 매개물이 독자의 기대를 배반하려 든다. 아이가 세상에 태어나고 싶은 이유가 고작 '반창고' 때문이라니. "태어나지 않은 아이도 반창고를 붙이고 싶어졌습니다. 태어나지 않은 아이는 "반, 창, 고……반, 창,

고!"하고 소리쳤습니다." 이 대목에 이르자 독자의 입에서 '아이고' 하는 한숨 소리까지 새어나왔다. "이게 뭐지?" 하는 꼬리표는 한 번 더 달라붙었다.

 태어나지 않은 아이가 '반, 창, 고!'를 소리친 사연인즉 이렇다. 태어나지 않은 아이 또래의 여자아이가 강아지에게 물리자 여자아이는 울면서 엄마를 부르고 엄마는 여자아이의 엉덩이에 반창고를 붙여준다. 그걸 본 태어나지 않은 아이는 샘이라도 났는지 반창고를 붙이고 싶다고 소리를 질러대는 것이다. 참으로 아이다운 행동이다. 모방심리야말로 아이다운 특장이다. 모방심리가 생의 욕망을 꼬드기니 아이는 그제서야 세상에 태어나게 된다. 반창고 덕에 태어나지 않은 아이는 "세상에 태어난 아이"라는 책 제목에 걸맞은 이름을 얻는다. 세상에 태어난 아이가 세상을 살아본 결과 얻은 결론이 걸작이다. "태어난다는 건, 참 피곤한 것 같아." 어린 녀석이 인생의 쓴맛을 너무 이른 나이에 깨쳐버렸다.

 반창고는 아이와 엄마를 이어주는 매개물이자 생명 탄생에서 오는 고통과 상처를 치유하는 상징물처럼 보인다. 또한 반창고로 표현되는 생의 욕망은 아이의 존재 근거가 되는 엄마와 동의어일 수 있겠다. 반창고를 외친 아이가 뒤이어 "엄마!"를 부르는 정황상 그렇다. 이즈음에서 세상에 태어나지 않은 아이가 육체 없이 떠도는 공간이 어디인지가 짐작된다. 엄마 뱃속이 아닐까 싶다. 아이는 엄마 뱃속에서 열 달 동안 우주와 지구별을 유영하는 시기를 거치고 세상 밖으로 나온다.

'엄마!'는 아이가 세상에 제 존재를 알리는 신호탄 "응애" 소리와 겹친다. 아이의 욕망을 자극하는 반창고야말로 어린이의 특징, "조용하면서도 확고한 생리적인 힘이자 생각하지 않고 자연스럽게 흘러나오는 그런 것"(『어린이는 어떻게 어른이 되는가』, 프랑소와즈 돌토 지음)이다. 어린이는 언제나 욕망함으로써 현재하는 어떤 것을 지닐 수 있다고 한다. 반창고라는 욕망이 태어나지 않은 아이의 태어나고자 하는 의지를 부추겨 아이는 세상에 태어난 아이가 되었고, 반창고로 상징되는 태어난 자로서의 고락苦樂을 겪는 것이다.

『100만 번 산 고양이』는 말 그대로 100만 번을 산 고양이 얘기다. 그런데 현실적으로 100만 번을 산다는 것이 가능한 일인가. 100만 번을 살다니. 100만 번을 산다는 것이 도대체 무슨 의미일까. 마치 불교의 윤회설에나 나올 법한 이야기다. 그림책의 상당 부분은 주인을 달리하는 고양이의 "부고 기사"다. 부고 기사의 공통점은 고양이에게는 언제나 주인이 있었고, 고양이는 주인 또는 주인의 일터를 혐오한다는 사실이다.

고양이는 태어날 때부터 누군가의 소유물이다. 삶이란 누구에게나 고유한 것이라는 점을 인정한다면 주인의 삶이 고양이의 삶을 대신할 수는 없는 노릇이다. 그렇기에 임금님, 뱃사공, 마술사, 도둑, 할머니, 어린 여자아이에 이르는 주인들의 신분 따위가 고양이의 삶에 어떤 의미를 가져다주지 못한다. 주인들은 한 번도 고양이의 사랑을 받아보지 못한 자들이다. 고양이에게 쏟은 주인들의 노고가 애처로울 따름이다.

고양이의 표정은 『세상에 태어난 아이』의 세상에 태어나지 않은 아이와 동급이다. 무심한 척 도도하다. 아이가 태어나는 것에 관심이 없었듯, 고양이는 살고 죽는 것쯤에 연연해하지 않는다. "죽는 것 따위는 아무렇지도 않"다. 방관자적인 태도를 넘어 현실 초월의지가 엿보인다. 고양이가 100만 번 살았다는 것은 아직 한 번도 제대로 된 삶을 살지 않았다는 것을 역으로 강조한다.

고양이에게도 호시절은 찾아온다. 인간의 소유물로서가 아니라 제 삶의 주인, 도둑고양이로 살아갈 운명을 맞는다. 인간의 소유물로서 전전하던 전생에 종지부를 찍게 된 것이다. 고양이는 제 삶의 주인이 되는 생을 받고도 전생에서 얻은 특권, 말하자면 다른 고양이와 달리 "백만 번 죽"은 사실을 들먹거리며 거드름을 피운다. 전생의 기억을 지워버리지 못한 점에서 고양이의 삶은 전생의 연장이다. "백만 번이나 죽어봤다고. 새삼스럽게 이런 게 다 뭐야!" 고양이 주인이 고양이 자신으로 바뀐 다소 기이한 형태의 삶을 이어간다. 이러한 고양이의 생활을 180도로 바꾸는 것은 "고양이를 본 척도 하지 않은 새하얗고 예쁜 고양이"다. 고양이에게 하얀 고양이는 『세상에 태어난 아이』의 '반창고'인 셈이다.

매사에 시큰둥한 반응을 보이던 고양이는 하얀 고양이의 도도함에 마음을 빼앗기고 만다. 하얀 고양이는 무심한 척 밀고 당기는 연애에 능통하다. 그녀는 삶, 곧 사랑 그 자체다. 고양이는 사랑을 만나 가족을 이루고 더 바랄 바 없는 삶을 살다가 생을 마감한다. 삶의 본질을 사랑이라고 할 때 둘은 사랑으로 살다가 사랑으로 죽었다. 죽은 하얀 고양이를 안고 통곡하는 고양이. 고양이에게 하얀 고양이는 "부르다가 내가 죽을 이름이여!"다. 고양이 역시 "그러고는 두 번 다시 되살아나지 않았"다. 고양이가 죽은 다음 마지막 장의 그림은 평정한 들녘 풍경이다. 잘 살아야 잘 죽을 수 있고 잘 죽어야 생을 더 이상 탐내지 않는다는 의미일까.

이 마지막 장면에 와서야 나는 불가해한 삶의 속성을 조금 납득하게 된다. 전생에서 이 세상으로 건너온 이유와 이 세상에서 저 세상으로 넘어가는 일이 그럴 듯해 보인다. 그것은 우리가 무無에서 와서 무로 돌아간다는 생각보다 덜 공허하고 덜 불안하다. 그림책은 죽음을 얘기하면서 삶의 진정성을 탐색케 한다.

자연사든, 자연사가 아니든 모든 죽음에는 단장의 슬픔이 있기 마련이다. 하지만 생명의 오고 가는 일에 합당한 이유가 존재한다는 그림책의 메시지는 슬픔을 슬픔으로 두지 않는다. 슬픔을 승화시킬 수 있는 여지를 남기고 존재의 이유에 그럴싸한 힘을 싣는다. 그림책이 전생에 지면 할애가 많은 것은 바로 지금 여기의 삶이란 전생을 숱하게 살아온 결과이니 허투루 쓰지 말라는 충고이기도 하리라.

'죽음'은 문학의 단골 메뉴다. 그림책에서도 예외는 아니다. 어린이 그림책에서 죽음의 소재는 아이들의 생활과 밀착되어 있다. 죽음을 이해하기 힘든 아이들에겐 친숙한 소재로 접근하는 게 용이하기 때문이다. 일반적인 그림책은 생물학적인 죽음에서 출발하여 이후 죽음을 수용, 상실감을 극복하는 방향으로 전개된다. 『세상에서 가장 멋진 장례식』(울프 닐슨 글·에바 에릭손 그림), 『잘 가요, 코끼리 할아버지!』(로랑스 부르기뇽 글·발레리 되르 그림), 『내 동생은 어느 별에 살고 있을까』(릴리아네 슈타이너 글·그림) 등이 그렇다. 어린이 그림책은 육체는 소멸하더라도 영혼은 영생하리라는 것을 암시한다. 아이들에게 영혼과 사후의 세계가 존재한다는 믿음을 줌으로써 단절의 틈을 메우는 역할을 한다. 상실감을 치유하는 교재로서 그림책은 죽음에 대한 두려움을 덜고 어린이의 마음을 위무한다.

 사노 요코의 그림책은 생물학적인 죽음이 문제되지 않는다는 점에서 여타 그림책과 출발점을 달리한다. 그의 그림책은 태어나려는 욕망과 의지가 이야기의 변수로 작용한다. 전생에서 현생을 모험하는 시기를 갖는 것도 다른 점이다. 그리고 독자에게 삶과 죽음에 관한 철학적 물음을 던진다. 나고 죽는 것이 신의 소관이 아니라 개인의 의지와 욕망의 합산물이라는 점에서 어떻게 살다가 어떻게 죽을 것인가를 한번쯤 생각하게 한다. 개인을 태어나게 하는 의지와 욕망의 질료는 무엇이며 살아가면서 그 질료는 어떻게 형상화되었는지를 묻게 한다.

 태어나 인생의 주기를 100만 번쯤으로 나누었을 때 나는 과연 누군가를 주인으로 섬기지 않고 내 삶의 주인으로 살아간 적이 있었을까. 사노 요코의 그림책은 삶이란 사랑 그 자체여서 사랑 없는 삶은 공허할 수밖에 없다는 것을 깨우친다. 거울 없이는 제 생을 들여다보지 못하는 독자에게 자기 내면을 응시하라고 주문한다.

도서관에서
생긴 일

　내가 자주 가는 구립도서관 부속 어린이 열람실은 과월호 어린이 잡지를 대출한다. 과월호 잡지 대출은 다음 달 첫날부터 가능하다고 들었다. 새 학년이 시작되면서 우리 아이들은 학교 적응이 힘들었는지 몸 상태가 다들 안 좋았다. 쉬는 토요일과 일요일에 도서관 한 번 다녀오지 못한 채 한 달을 그냥 보내고 말았다.
　3월호 잡지를 읽지 못한 아이들을 위해 막 과월호가 돼버린 4월 첫날 잡지를 빌리러 도서관을 찾았다. 도착해보니 열람실 안이 어둑어둑했다. 열람실 개방 시간은 오전 9시부터다. 5분 전이라 출입을 금했다. 하지만 대출대의 직원은 개방 시간에서 10분쯤 지나자 열람실의 불을 켰다. 원칙을 지키는 것은 좋다. 그런데 원칙이라는 것을 제 편의를 위해 쓰지 말라.
　뭐 10분 정도야, 부득이한 사정이 생겨 문을 열 수 없다는 것도 아닌 바에야 너그럽게 봐주자. 격주간으로 발행되는 과월호 잡지 중 하나가 눈에 안 띄어 담당자에게 물었더니 대출중이라는 대답이 돌아왔다. 그 직원은 다른 직원의 실수로 대출된 것 같다고 한다. 화를 내봤자 불리한 쪽은 도서관 이용자다. 일찍 일어난 새가 벌레를 잡는다는 건 옛말에서나 가능한 일이다.

그보다 며칠 전 나는 도서관에 들를 일이 있어 과월호 기한이 며칠 안 남은 잡지를 빌릴 수 없는지 직원에게 넌지시 물었다. 잡지는 달이 바뀌어야 대출하는 것이 도서관 원칙이라고 했다. 다른 직원의 실수로 문제를 봉합하려 하지만, 사람 봐가면서 잡지를 빌려주나 싶은 생각을 떨치지 못했다. 그래서 다른 잡지를 내밀었더니 이번에는 대출 불가라는 말이 돌아온다. 매달 중순에 들어오는 잡지라서 도서관에 새 잡지가 들어와야 대출이 가능하다는 것이다. 왜 그렇게 말을 바꾸는지 알다가도 모를 일이다. 그런데 빌린 잡지를 반납하러 가는 날 확인해보니 새 잡지가 들어오지도 않은 상태에서 그 대출 불가라던 잡지는 대출이 돼 있다. 문제를 제기했더니 대출대의 직원은 다른 직원의 실수라고 전과 똑같은 멘트를 날린다. 왜 내게는 실수로라도 대출을 안 해주지? 머피의 법칙이라며 눈감고 말까?

우연히 알게 된 원칙 없는 도서 대출이 도서관의 관행은 아닐 거라고 믿는다. 우리나라 도서관이 도서 대출의 원칙을 무시하면서까지 도서관 이용자의 심기를 건드리지는 않을 거라 생각한다. 다만 나는 도서관 직원들이 실수를 반복할 정도로 기본 업무조차 파악하지 못한다는 것이 유감스러울 따름이다. 책이 잘못 대출된 것을 알고도 어떤 조치도 취하지 않은 채 나 몰라라 하는 도서관의 안일한 태도와 책임 회피성 발언에 심기가 불편한 것이다. 나만 괜히 까다로운 사람이 되었다.

『맑은 날엔 도서관에 가자』(미도리카와 세이지 글·미야지마 야스코 그림)는 도서관 책에 얽힌 이야기를 다룬다. 도서관에서 '문제'의 도서를 중심으로 초등학교 5학년 여자아이 시오리와 친구 야스카와가 사건의 비밀을 풀어가는 과정이 흥미롭다. 추리물의 성격이 가미된 동화는 도서관과 책을 매개로 사랑과 우정, 그리고 가족 이야기를 들려준다. 사람들마다 도서관을 찾는 목적은 제각각이다.

책과 도서관을 좋아하는 주인공 시오리는 책을 빌리러, 네 살 마사에는 엄마를 찾기 위해 도서관에 왔다. 엄마가 병원에 입원한 사실을 모르는 마사에는 엄마와 도서관에 자주 온 경험을 살려 혼자 도서관에 온 것이다. 마사에가 시오리가 대출하려던 책을 "내 책"이라고 우긴 것은 책의 저자가 마사에의 엄마였기 때문이다.

도서관에 심부름을 온 사람도 있다. 야스카와는 외할아버지의 부탁으로 외할아버지가 60년 동안 반납하지 못한 책을 들고 도서관을 찾는다. 「기나긴 여행」의 주인공은 이반 투르게네프의 『첫사랑』이다. 야스카와의 외할아버지는 『첫사랑』을 통해 첫사랑의 결실을 맺게 된다. 외할아버지가 당시 책을 반납하지 못한 이유는 반납일이 지난 책에 물리는 벌금을 낼 형편이 못 되었기 때문이다. 『첫사랑』이 이번에는 시오리와 야스카와의 우정에 징검다리를 놓을 조짐이다.

그런가 하면 친구를 도와주려는 목적으로 도서 반납함에 커피 물을 쏟고 도망치는 아이도 있다. 「젖은 책의 수수께끼」는 대출한 책이 강물에 빠지는 바람에 책이 못 쓰게 되자 그것을 은폐하려는 의도에서 벌어진 사건이다. 친구의 잘못을 감싸려는 우정도 좋지만 도서관에 경제적 손실을 입힌다.

도서관에 책을 훔치러 오는 아이도 있다. 「사라진 책을 찾아라」는 도서관의 분실 도서 이야기다. 초등학교 3학년 아이는 그림책을 본다고 친구들에게 놀림을 받은 이후부터 도서관 책을 슬쩍 가방에 넣는다. 행방불명된 책은 대부분 도서관으로 다시 돌아오지 못한다. 70년의 역사를 가진 이곳 구모미네 시립도서관에서는 한 해에 약 300권 정도의 책이 사라진다. 책 도둑을 잡으려면 방범시설을 강화하거나 경비원을 둬야 한다. 도서관으로서는 경제적인 부담이 만만치 않은 일이다. 도서관의 책이 없어진다는 소식에 시오리와 야스카와는 범인을 잡기 위해 열람실 사람들의 행동을 예의 주시한다.

도서관을 아끼는 마음에서 비롯된 아이들의 행동을 이해 못하는 바는 아니지만, 두 아이의 행동은 도서관 이용자들을 잠재적인 책 도둑으로 몰고 있다는 점에서 문제의 심각성이 있다. 도서관을 이용하는 사람들로서는 불쾌한 일이 아닐 수 없다. 시오리의 사촌 언니인 미야코 사서 선생님은 두 아이에게 다음과 같이 충고한다. "도서관은 모두가 책에 둘러싸여 즐거운 시간을 보내는 곳이야. 몰래 책을 들고 가는 사람도 더러 있지만, 대부분은 규칙을 지켜서 책을 빌려 가. 책 도둑을 잡아 주려는 마음은 고맙지만 그 때문에 도서관을 이용하는 사람들을 의심하거나 감시하는 일은 없었으면 좋겠어."

도서관에서는 물에 젖은 책처럼 훼손되거나 분실된 도서에 대해서 원칙적으로 돈을 받지 않는다. "빌린 책을 찢거나 잃어버린 경우, 적어도 우리가(도서관 직원) 책을 찾는 노력만큼이라도 줄일 수 있도록 책을 빌려간 사람이 같은 책을 구해 오는 게 원칙"이다. 도서관에서 사들이는 책에는 실제 책값 이상의 돈이 들어가기 마련이고 그것은 그만큼 시민들이 내는 세금을 더 쓰는 일이어서 그렇다는 것이다. 동화의 서두에서 시오리가 얼굴도 모르는 작가 아버지를 도서관에서 만나게 될 것이라는 암시가 나오는데, 도서관 축제날 작가 강연회 초청 강사는 시오리의 아버지다. 도서관이 부녀의 만남을 주선한 셈이다.

주인공 시오리는 여느 아이들과는 달리 책을 지나치게 좋아한다. 대부분 사람들은 날이 좋으면 도서관을 찾기보다는 야외활동을 선호한다. 도서관에 틀어박혀 책을 보는 것을 따분한 일로 간주한다. 자녀에게 책읽기를 강요하는 부모라도 맑은 날은 아이들에게 "밖에 나가 놀아라."라고 주문한다. 시오리는 그런 어른들이 불만이다. "어른들은 왜 어리다는 이유만으로 아이들이란 다 똑같다고 생각하는 걸까?"

시오리는 책을 읽을 때가 가장 행복하다. 한 권의 책은 그대로 한 권의 세상이기 때문이다. 시오리 친구는 책을 좋아하는 시오리를 이상하게 여기지만, 시오리는 책을 싫어하는 친구들이 이해가 안 된다. 날이 좋은 날에도 도서관에 가야 하는 이유를 시오리는 이렇게 말한다. "읽고 싶은 책은 수없이 많다. 더구나 내가 책 한 권을 읽는 사이에도 세상의 수많은 사람들이 우리를 위해 새로운 책을 쓰고 있다. 비오는 날에만 책을 읽는다면 도저히 다 읽을 수가 없다." 그래서 "맑은 날엔 도서관에 가자!"며 독자를 꼬드긴다.

시오리는 종이책 예찬자이기도 하다. "나는 책을 좋아한다. 책 속의 이야기는 물론이고 책의 묵직한 느낌도, 종이 냄새도 아주 좋아한다. 요즘은 컴퓨터로도 책을 읽을 수 있지만 어쩐지 눈이 피곤할 것 같다. 더구나 컴퓨터로 책을 읽으면 누워서 책을 읽을 때 팔이 저리는 것도 느낄 수 없고, 저도 모르게 잠 속으로 빠져드는 즐거움(이러니까 꼭 만날 누워서 뒹굴뒹굴하는 것 같긴 하지만)도 누릴 수가 없다." 아무리 전자책이 대세라고 해도 전자책은 종이책이 주는 장점을 따라잡기 힘들 터다. 종이 위에 집을 짓지 못한 전자책은 사상누각과 다를 바 없지 않을까(전기를 사용할 수 없는 상황이라면 그것은 무용지물이다). 독서란 책을 만지고 쓰다듬고 침을 발라가며 책장을 넘기면서 음미해야하는 것이 아닐까. 독서는 자장가용으로 선호되기도 하지만 때론 잠들 시간을 늦춰보려는 의도에서 선택되기도 한다. 그럴 때 종이책이 주는 심리적인 안정감은 전자책으로 대신하지 못한다.

방학과제의 단골메뉴는 독서 감상문이다. 시오리는 독서 감상문은 딱 질색이다. 책이 좋아 도서관 문을 닳도록 드나드는 아이가 말이다. 시오리가 독서 감상문을 부정적으로 보는 견해는 이렇다. "독서 감상문 숙제는 책을 읽고 느낀 점을 원고지 10매에 정리하는 것인데 재미없는 책을 읽었을 때는 아무 말도 하기가 싫고, 재미있는 책을 읽었을 때는 아무 말도 할 수가 없다." 독서 후에는 말하지 않을 권리도 있는 것이다. 그런데 학교교육은 독서 감상문을 강제로 시켜 오히려 학생들이 독서를 싫어하게 만든다.

시오리와 달리, 야스카와는 책이 질색인데도 독서 감상문을 방학과제로 선택한다. 야스카와는 만화책을 좋아해서 만화책으로는 감상문도 쓸 수 있을 것 같다. 그런데 왜 독서 감상문 도서에 만화책은 포함되지 않은 걸까. 동화에 견줘 만화는 감동과 재미가 뒤지기라도 한단 말인가! 우리나라 초등학교도 만화책이라면 무조건 홀대하는 분위기다. 양서를 권장하듯 좋은 만화책을 선별해서 읽히는 작업이 필요해 보인다.

도서관은 다양한 사람들이 다양한 사건을 펼치는 흥미진진한 장소다. 일상에서 벗어나 뭔가 특별한 일을 경험하고 싶은 사람이라면 도서관을 방문해도 좋을 것이다. 동화에서처럼 도서관에서는 사랑과 우정을 꽃피울 확률이 높기 때문이다. 도서관에 가면 여러 혜택을 누릴 수 있다. 공짜로 책을 보거나 빌릴 수 있으며, 좌석을 하루 동안 제 것으로 점유할 수 있다. 주말에는 가족 영화를 관람할 수 있고, 평일에는 시민을 위한 교양강좌 프로그램을 들을 수 있다. 음악CD를 듣거나 비디오도 볼 수 있다. 그러니 도서관에 안 가고 배기랴!

아낌없이 주는 나무를
다시 생각하다

세계 수많은 독자들로부터 사랑을 받는다는 그림책을 읽고 나는 조금 주눅이 들었다. 남들이 받는다는 그 감동이 내게는 오지 않았기 때문이다. 언제 이 그림책을 처음 읽었을까. 기억이 가물가물하다. 우리 아이들에게 읽어주면서 여러 번 손을 탄 책이었지만 세간에 알려진 것에 비해 싱겁다는 생각을 했다.

책 제목이 내용을 고스란히 담고 있어서 달리 생각할 여지도 없어 보였다. 희생과 헌신의 덕목은 나처럼 개인주의 성향의 독자에게는 도덕적 의무처럼 받아들여져 부담으로 작용하기도 한다. "너도 나무처럼 아낌없이 주는 사람이 되어라"라고 하는 『아낌없이 주는 나무』(쉘 실버스타인 글·그림)는 "네 이웃을 네 몸과 같이 사랑하라"의 기독교적 설교가 그림책 버전으로 옮겨온 느낌이었다.

나무는 좋다. '아낌없이 주는 나무'가 아니더라도 우리 주변에 한 그루 나무가 있다면 삶은 한결 부드럽고 넉넉해 보인다. 우리의 정신마저 지고지순해지는 느낌이 든다. 나무가 주는 심리적인 안정감도 가벼이 여길 수 없는 문제다. 나무는 그늘을 만들어 우리에게 휴식처를 제공하기도 한다. 또한 나무는 인간의 상상력을 자극하는 원천이자, 그 자신이 꿈꾸는 존재이기도 하다. "꿈을 아느냐 네게 물으면/ 플라타너스/ 너의 머리는 어느덧 파아란 하늘에 젖어 있었다."(김현승,「플라타너스」)

『나무는 좋다』(재니스 메이 우드리 글·마르크 시몽 그림)는 어린아이의 시각에서 나무의 유용성을 시적으로 풀어쓴 그림책이다. 나무는 숲을 이루며 "세상 모든 것을 아름답게" 한다. 흑백 그림과 채색 그림을 번갈아 펼치면서 시각적인 효과를 강조하는 그림책은 나무의 존재감뿐만 아니라 나무와 인간의 공생과 교감을 잘 보여준다. 나무는 산소를 만든다는 점에서 사람의 목숨과 직결되는 일을 하며 뿌리에서 잎사귀, 열매, 가지, 줄기에 이르기까지 버릴 것 없이 인간의 생활에 유용하게 쓰인다. 그런 이유에서일까. 나는 여태 나무를 좋아하는 사람은 봐도 싫어하는 사람을 보지 못했다.

그런데 나무를 곁에 둔 탓에 자꾸 나쁜 일이 꼬이는 사람이 있다. 『두고 보자! 커다란 나무』(사노 요코 글·그림)의 아저씨가 그렇다. 아저씨에게는 봄날 꽃이 흐드러지게 핀 나무가 그저 성가실 뿐이다. 아저씨의 나무에 대한 좋지 못한 감정은 좋은 못한 일을 몰고 온다. 성가신 나무가 '몹쓸' 나무가 돼 아저씨의 도끼에 몸통이 잘린 사연은 이렇다. 새들이 지저귀는 바람에 아저씨는 아침잠을 방해받고, 찻잔으로 새똥이 떨어지고, 나무 그늘에서 빨래는 잘 마르지 않는다. 나무에 사는 벌레, 열매를 서리하러 오는 아이들, 가을의 낙엽은 아저씨의 골칫거리다. 아저씨는 안 좋은 일이 생길 때마다 나무를 발로 걷어차면서 "어디 두고 보자"며 나무에게 적의를 드러낸다. 아저씨가 벼리던 마음을 행동으로 옮기는 결정적인 사건은 아저씨의 머리 위로 나무에 쌓인 눈덩이가 떨어져 바닥으로 넘어지면서다. 나무가 앙심을 품고 한 일도 아니건만 아저씨는 홧김에 도끼로 나무줄기를 베어 버린다.

멀쩡한 나무가 잘린 다음 장면은 음울하다. 죽은 나무를 애도하는 분위기랄까. 아저씨의 불길한 미래를 내비치는 풍경 같기도 하다. 불문율에 붙여진 것 마냥 줄글 자리에 대신 들어선 말줄임표 뒤로는 정적이 감돈다. 도끼에 찍힌 나무가 토해놓은 피울음이라도 되는 양, 그루터기 나무가 있는 장면은 지금까지의 흰색 바탕에서 붉은색으로 바뀌어 음침하다.

성격을 달리하기는 하지만 바로 이 지점이 『아낌없이 주는 나무』의 말로이기도 하다. 그림책일망정 인간에 의해 몸통이 잘린 나무를 보니 마음이 불편하다. 자연에 가하는 인간의 잔혹행

위를 상징적으로 드러냄으로써 그림책은 자연을 다루는 인간의 방식에 경고성 메시지를 전하는 것이 아닐까 싶다.

『아낌없이 주는 나무』의 소년은 금전이 필요하다는 이유로 나무로부터 열매와 가지 그리고 줄기를 차례로 얻어간다. 나무의 주는 행위가 제 목숨을 버리는 일이기도 하여 말이 얻어가는 것이지 실은 소년의 강탈이다. 그루터기만 남은 나무는 더 이상 나무로서 위용을 갖추지 못한다. 밑동만 남은 나무는 사람으로 치면 '식물인간'과 다를 바 없다. 나무 밑동에 적힌 'ME. T' 표시는 인간의 이기심과 소유욕을 적나라하게 드러낸다. 나무와 소년의 관계가 더 이상 예전의 교감을 나누던 시절로 돌아갈 수 없음을 암시한다.

나무와 소년의 관계가 처음부터 '희생'과 '욕심'이라는 이중주에서 출발한 것은 아니다. 『두고 보자! 커다란 나무』의 아저씨와 나무처럼, 소년이 나무에게 나쁜 마음을 품거나 나무가 소년에게 해코지를 한 적은 없다. 한때 소년은 나무의 세계에 속했다. "옛날에 나무가 한 그루 있었습니다……." "그 나무에게는 사랑하는 소년이 하나 있었습니다." 나무는 자기를 찾아오는 소년을 간절히 기다리기라도 한 것처럼 허리를 낮춰 소년을 맞이한다. 소년은 나무의 품 안에서 근심을 알지 못한다. 소년은 "나무를 무척 사랑했고" 나무는 "행복"했다.

그림책의 나무와 소년은 부모와 자식 사이 같기도 하다. 나무의 소년에 대한 조건 없는 애정은 자식을 사랑으로 감싸고 자식을 위해 기꺼이 희생하는 부모의 모습으로 읽힌다. 소년이 성장하여 고향을 떠나 타지에서 어려운 일이 생길 때마다 나무를 찾아와 뭔가를 요구하는 모습은 고향을 찾은 자식이 부모에게서 돈이 될 뭔가를 '뜯어가는' 모습과 흡사하다. 나무가 소년에게 정서적 교감이나 신체적 친밀감 같은 것을 바라는 것처럼, 우리의 늙은 부모님 역시 자식에게서 따뜻한 말 한마디 듣고 싶었을 터이지만 자식은 소년처럼 원하는 것을 챙겨서 고향을 떠나기에 바쁠 뿐이다. 부모에 대한 일말의 부채의식도 없이 자식이란 그렇게 뻔뻔스럽게 고향을 등진다.

그림책의 나무와 소년은 범위를 조금 확장시켜 자연과 인간의 관계로 해석해도 별 무리는 없어 보인다. 인간의 역사에서 나무가 소년에게 속하지 않고 소년이 나무에 속하던 시절은 소년의 유년기처럼 짧지만 이상적인 세계이기도 했다. 자연과 인간의 행복한 공존이 가능하던 시절, 인간은 자연을 함부로 다루지 않았으며 자연이 주는 것에 자족할 줄 알았다.

떨어지는 나뭇잎으로 왕관을 만들거나, 나무줄기를 타고 오르거나, 나뭇가지에 매달려 그네를 타고 놀면서 소년은 '유희적 존재'라는 인간의 특장을 맘껏 발산했다. 배가 고프면 열매를 따 먹고 피곤하면 나무 그늘에서 단잠을 자기도 하면서 말이다. 자연을 내 것으로 만드는 소유의식이 생기기 전, 인간의 삶은 노동보다 놀이에 가까운 것이었다. 인간이 자연을 대상화하지 않고 자연의 일부로 살아가던 시절, 삶은 경이로웠으며 자연은 너그럽고 풍성했다.

그러나 소년이 나무에 'ME. T'라고 하트 표시를 한 다음부터 둘의 관계는 뒤틀리기 시작한다. 소년이 나무줄기에 소유 표시를 새기자 나무는 소년에게 드리운 온정적인 태도를 거둬들인다. 두려운 나머지 소년에 대한 경계심을 늦추지 않는다. 나무는 역삼각형 꼴의 이파리를 머리에 인 채 제 앞날의 불운을 예감한 게 아닐까.

세월이 흘러도 나무에게는 오로지 소년뿐이지만, 소년에게는 소녀가 생긴다. 소녀마저 나무가 제 것이라고 '찜'을 하지만 그것은 애정 없는 소유욕의 과시에 불과하다. 소년이 나무의 세계에 속하던 시절이 막을 내림으로써 나무는 소년의 소유물이 되었으며, 소년은 나무의 희생을 당연하게 받아들인다. 지금까지의 나무와 소년의 우정은 더 이상 지속될 수 없는 지경이 돼 버린 것이다. 인간의 자연에 대한 일방적인 강탈의 시작이다.

소년과 나무는 어떤 면에서 성장할 기회를 잃었다. 둘의 내면에는 과거를 붙잡고 놓지 못하는 마음이 자리하고 있어서다. 『길 잃은 도토리』(마쓰나리 마리코 글·그림)처럼 길을 잃어봐야 성장할 기회도 가질 수 있다. 이 책에서 도토리와 아이는 서로를 잃고 슬픔에 빠진다. 아이가 도토리를 잃은 슬픔은 저녁놀의 피울음 빛에 비견될 정도다. 아이는 도토리를 팔방으로 찾아다니고 도토리는 아이의 품으로 돌아가려고 애를 쓰지만, 결국 뜻을 이루지 못한다. 이별과 분리는 상실의 고통을 가져다주지만 아픈 만큼 성장하여 아이의 손을 떠난 도토리는 어엿한 나무로 성장할 수 있었던 것이다.

『아낌없이 주는 나무』의 결말은 별로 유쾌하지 않다. 나무는 남은 제 밑동을 소년의 휴식처로 제공하는 것을 마다하지 않는다. 나무 밑동에 앉은 구부정한 소년의 모습은 애처로울 정도다. 부모에게 자식이란 늘 보살핌을 받아야 하는 어린아이와 같은 존재다. 정작 자식의 보살핌을 받아야 할 상황에서도 부모는 못난 자식을 마지막까지 품 안에 거둔다.

그루터기의 늙은 소년은 어떤 회한에 젖어있을까. 이 장면은 우리에게 어떤 의미를 던지는 것일까. 희망일까, 아니면 절망일까. 나무가 뿌리마저 뽑히지 않았다는 점에서 그것은 희망적이다.『두고 보자! 커다란 나무』에서처럼 나무의 밑동에서는 어린 싹이 머리를 내밀 것이다. 그러나 한 번 망가진 자연은 원상 복귀가 안 된다는 점에서, 삶은 흐르는 강물과 같아서 같은 강물에 두 번 발을 담글 수 없다는 점에서, 나무와 소년의 미래는 비관적이다.

그루터기에 앉아 있는 노인에게서 알 수 있듯, 자연의 혜택을 누릴 수 있는 인간의 수명은 그리 길어 보이지 않는다. 나무의 입장에서 보자면 그것은 다행스러운 일이리라. 더는 강탈당하지 않을 것이니 말이다. 인간의 강탈로 무참히 짓밟힌 자연의 보복이 시작된 지도 오래다. 이상기온과 땅의 사막화, 그리고 수많은 생물종이 멸종되어가고 있다.

나무가 제 곁에 소년을 불러들이지 않고 다른 생물의 보금자리가 돼주었더라면 나무의 운명은 그리 비극적이지 않았을 것이다. 선인장과 사막동물의 조화로운 공생이 읽히는 『선인장 호텔』(브렌다 기버슨 글·메건 로이드 그림)에서처럼 말이다. 그러나 나무는 무엇보다 소년을 아꼈다. 소년 또한 나무 없이는 한시도 살아갈 수 없는 처지다. 인간 역시 다른 동물처럼 자연과 공생하며 살아야 하는 이유다.

독서에는 답이 없다고 하지만, 많은 사람에게 감동을 주는 책은 그만한 이유가 있다는 것을 『아낌없이 주는 나무』를 통해 새삼 확인하게 된다.

2장 사별의 고통과 슬픔

개인의 내면을 가감 없이 고백하는 일기는 아무래도 행복한 사람보다 고통에 직면한 사람에게 더 어울리는 기록물이 아닐까. 고독한 내면의 자아가 불러내는 마음의 친구가 일기라는 생각이 든다.

깜냥껏 친구를
사귀는 아이들

딸아이는 같은 반 친구들과 잘 어울리지를 않는다. 어울리지 '못하는' 측면도 있을 것이다. 호불호가 뚜렷한 제 부모를 닮은 까칠한 성격으로 아이들과 무난하게 지낼 위인이 못 된다는 것 정도는 알고 있다. 딸아이가 6학년인 지금에서야 반 아이들과 섞이지 못하는 것을 이해하고 받아들이지만, 아이가 저학년일 때 친구 없이 지내는 것이 새내기 학부모로서 여간 고민스러운 게 아니었다. 거기에 담임선생님까지 반 아이들과 어울리지 못하는 아이의 독특한 성격을 문제 삼아 엄마에게 걱정을 안겼다. 친구가 없는 아이는 반 친구들로부터 소외감을 느꼈는지 아이들이 자기만 왕따를 시킨다는 표현을 써가면서 억울해했다.

딸아이는 새롭고 낯선 장소에 가면 호기심을 강하게 드러내는 편이다. 학년이 바뀌면 어떤 아이들은 새 학년 증후군으로 고통을 받기도 한다지만, 딸아이는 새 친구들에 대한 기대와 설렘으로 기분이 들떠서 여러 날의 탐색기를 거쳐 친구를 사귀곤 한다. 그런데 딸아이의 친구는 그리 오래 가지 않았다. 처음에는 저와 다른 성격이 호감으로 작용하여 친구가 되었으나, 그것은 반짝 효과를 낼 뿐 이내 시들해졌다. 성격과 취향이 다른 친구 관계는 지속적으로 유지되기 어렵다는 것을 가르쳐준 셈이다. 어떤 면에서 딸아이는 친구들과 어울려 이리저리 휩쓸려 다니는 것보다 자유롭게 저 혼자 다니는 것을 더 선호한다. 커갈수록 반 아이들에게 보이던 피해의식도 줄고 제 마음을 털어놓을 친구 없이도 여태 잘 버텨왔다.

가끔 딸아이는 반 친구 전체를 왕따 시키고 있다는 생각이 들 정도로 배포 유한 모습을 보이기도 한다. 4학년부터 내리 같은 반으로 지내던 남자아이가 친구가 안 돼 보였는지 딸아이에게 왕따 당하지 않을 방법을 알려주자, 딸아이는 "나는 그냥 왕따 당하고 말란다." 했다나. 그래 봐야 마음이 썩 편할 것 같지 않지만 말이다.

딸아이의 친구 문제로 걱정이 앞설 때면 나는 딸아이의 나이로 돌아가 그때 내게는 어떤 친구가 있었는지를 따져본다. 시골에서 나서 한 동네 아이들과 함께 놀며 어울리는 것을 당연한 일로 여겼다. 학교에 들어가서는 그런 동네 아이들이 그대로 초등학교와 중학교의 친구들이 되었다. 친구라는 표현을 썼지만, 개중에는 짓궂은 아이도 있었고 어린 마음에도 정말 상대하기 싫은 아이도 있었다. 그리고 나는 조금 조숙한 면이 있어(말이 조숙이지 실은 나이 들어 보이는 얼굴과 아이들과 섞이지 못하는 성격) 또래 아이들을 나보다 어리다고 생각하여 속 깊은 얘기를 나누지 않았던 것 같다. 시골이라는 공동체가 사생활을 허락하지 않는다는 점에서 나는 적당히 타협하며 아쉬운 대로 집에서 학교까지의 먼 통학거리를 친구들과 어울려 다녔고 도시락을 함께 나누며 보냈다.

6학년이 돼서도 딸아이는 어울릴 만한 반 친구를 얻지 못해 담임선생님의 호출을 받은 모양이다. 무리에서 달랑 떨어진 외톨이는 학교생활에 그리 보기 좋은 그림을 얻지 못한다. 동화되지 못한 아이는 반 전체에게 이물감을 주며 결코 환영받지 못한다. 딸아이가 반 아이들과 어울리지 못한 것은 마음이 통하는 친구를 얻지 못한 점에서 아이에게도 불행한 일이다. 30명이 가까운 반 아이 중에 마음을 나눌 친구 하나 없다니! 세 사람이 함께 길을 가더라도 그 중에 반드시 제 스승이 있다는데, 반 아이 중에 스승은 차치하고라도 마음을 나눌 동무 하나 정도는 둬야 하는 것 아닌가. "왜 반 아이들과 어울리지를 않느냐?"는 담임선생님의 질책에 아이는 침묵으로 일관하고 돌아왔단다. 제 엄마가 담임선생님이라도 되는 양, 담임선생님에게 하지 못한 말을 쏟아낸다. 교육적인 잣대가 오히려 담임선생님에 대한 불신감을 키운 것 같았다.

아이와 대화를 나누다 보니 반 아이들과 어울리지 않은 것은 단순히 사람이 좋고 싫은 감정적인 문제는 아니었다. 아이 나름의 그럴 만한 사정이 있어 보였고 엄마가 충분히 납득할 부분도 있었다. 무엇보다 아이가 기죽지 않은 모습이 좋았고, 사람을 혐오하는 것이 아니라 제가 바라는 친구를 아직 못 만났다고 생각하는 점은 기특했다.

『얼굴 빨개지는 아이』(장 자끄 상뻬 글·그림)는 신체적 약점을 지닌 아이의 외로움과 고통 그리고 그런 두 아이가 만나서 "영원한 우정"을 실현하는 과정을 그린 그림책이다. 이유도 없이 얼굴이 빨개지는 아이 마르슬랭은 남과 다른 얼굴색으로 사람들의 관심을 받는다. 그 때문에 마르슬랭은 다른 아이들과 어울리는 것이 힘들다. 시도 때도 없이 얼굴이 빨개지는 것 정도야 마르슬랭은 참을 만했다. 마르슬랭에게 정작 문제가 되는 것은 아이들마다 얼굴 색깔에 대해 한마디씩 툭툭 내뱉는다는 점이다. 그 점이 견디기 힘들어 마르슬랭은 친구들과 어울리지 못하고 점점 외톨이가 돼간다. '혼자 노는 아이'의 진수를 보여줄 무렵, 이유 없이 재채기를 하는 아이 르네가 마르슬랭의 집 근처로 이사를 온다.

사람의 마음은 참으로 오묘한 데가 있다. 어떻게 만나는 첫날부터 둘은 서로의 마음을 알아볼 수 있었을까. 아이들이 친구를 사귀는 데 이토록 신통한 능력을 발휘할 수 있다는 점이 나로서는 감탄스러울 뿐이다. "그날 밤 두 꼬마는 밤새 잠을 이루지 못했고, 서로 만나게 된 것을 아주 기뻐했다." 남들의 놀림감에 불과하던 빨간 얼굴과 재채기는 이렇게 두 아이를 특별한 존재로 만들어놓기에 이른다. 친구의 결점을 장점으로 받아들이고 서로에게 공감하면서 둘은 즐거운 나날을 보낸다.

두 아이의 우정을 시기라도 한 것일까. 둘은 뜻하지 않게 헤어져 오랫동안 만나지 못한다. 르네가 이사를 가면서 주고 간 편지를 마르슬랭의 부모가 잃어버렸기 때문이다. 단짝 친구와 헤어진 슬픔도 잠시, 아이들이란 새 친구를 사귀면서 친구의 빈자리를 채워간다. 친구를 사귀는 일이 뜻대로 안 되면 마음을 접기도 하고, 공백기를 갖다가 새 친구를 물색하기도 하면서 말이다. 마르슬랭 역시 친구들을 사귀지만 르네에 버금가는 친구는 얻지 못한다. 외톨이 두 아이들이 만나 처음으로 친구가 되었으니 서로에 대한 아쉬움과 그리움은 클 수밖에 없었을 것이다.

어른이 된 두 사람의 만남은 참으로 극적이다. 버스 정류장에서 재채기 소리를 듣고 마르슬랭이 르네를 알아본 것이다. 진정한 친구관계를 이르는 '지음知音'의 백아와 종자기가 따로 없다. 살면서 만날 인연이라면 언젠가는 우연찮게라도 다시 만나게 되는 것이 인생이 아닐까 싶다. 우연에 필연이 더해진 만남을 이럴 때 이르는 것이라면 말이다.

자녀가 초등학교에 들어가면 자녀가 속한 반을 중심으로 엄마들의 모임이 결성된다. 이른바 '반모임'이라고 부르는 이 모임은 엄마들이 한 달에 한 번 정도 모여 자녀 문제, 학교와 담임선생님, 학원가의 정보를 교환하는 자리다. '반모임'이 더러 엄마들의 자녀 친구 선별 작업이 되는 경우도 있다. 마음이 맞는 엄마들끼리 모이다 보면 자연스럽게 아이들까지 친구가 되는 수순을 밟는다. 자주 만나게 되면 친분이 쌓이고 그러다 보면 아이들 사이도 친구가 될 가능성은 높아진다.

엄마가 아이의 친구를 만들어주는 것을 나무랄 수만은 없는 일이다. 친구 문제로 자살에 이르는 학생들이 늘고 있는 상황에서 자녀를 보호하려는 엄마들의 자구책으로 이해할 수 있다. 그러나 여기에도 우리 사회의 여느 집단과 다를 바 없는 배제와 소외라는 집단 패거리 의식이 작용하고 있는 것은 아닐까? 제 자식을 챙기면서 다른 아이들을 울타리 밖으로 내치는 것은 아닌지 생각해볼 일이다. 또한 자녀가 친구를 사귈 능력이 없다고 판단하고 자녀를 부모의 시야에 잡아두려는 의도는 아닌지 따져봐야 할 것이다. 부모의 신임을 얻지 못한 아이는 부모 의존형 아이로 자랄 가능성이 농후하다.

아이들은 부모가 쳐놓은 경계선 밖에서도 친구를 사귈 줄 안다. 집안 환경과 외모를 따져서 친구를 판단하는 어른과 달리,

아이들은 활짝 열린 마음으로 친구를 알아보는 재주를 가지고 있지 않던가!『친구는 좋아!』(크리스 라쉬카 글·그림)의 흑인아이와 백인아이처럼 말이다. 길거리에서 처음 만나는 상대에게 말을 붙일 줄 아는 용기와 아무렇지 않게 상대의 안부를 물을 줄 아는 배포와 능청스러움이 아이들에게는 있다. 모른 척 지나치고 말면 아무 상관없을 아이들이 친구 없는 외톨이 마음을 알아보고 친구하자고 손을 내미는 순간 거절의 두려움과 수락의 망설임이 조율되면서 낯선 존재들은 그렇게 친구가 되어간다.

다소 불량스러워 보이는 흑인아이가 기세 좋게 상대를 불러 세우기는 했지만, 그 또한 속으로는 거절에 대한 두려움은 갖고 있다. 친구하자는 제안을 상대가 거절할지 몰라 풀이 죽은 아이의 표정에서 독자의 웃음은 폭발한다. 아이들의 섬세한 감정이 잘 읽히는 이 대목은 공것 없는 세상에서 친구 또한 거저 얻어지는 것은 아니라는 사실을 보여준다. 아이들 세계에서는 어떤 것도 친구가 되는 데에 걸림돌이 되지 않는다. 어른들의 편견을 깬다는 점에서 이 그림책은 유쾌한 반란이 아닐 수 없다.

그런가 하면 아이들은 "열 번 찍어 안 넘어가는 나무는 없다"는 속담을 현실화하는 재주도 보인다. 저를 탐탁하게 여기지 않은 상대에게 부단한 정성을 들여 결국 친구 되기에 골인한다. 『넌 정말 멋진 친구야!』(수잔느 블룸 글·그림)는 읽고 쓰고 생각하기를 좋아하는 곰과 수다 떨고 놀기를 좋아하는 거위가 만나 거위의 적극적인 구애에 꽁한 성격의 곰이 감동하는 내용이다. 상식적으로 충돌을 일으킬 만한 성격들이 만나 멋진 한 쌍의 친구가 된다는 것은 가슴 흐뭇한 일이다.

이처럼 아이들은 경계를 뛰어넘어 친구 사귀기에 열성이다. 그러니 부모는 자녀에게 친구를 만들어주지 못해 안달할 것도 없고, 반 아이들과 어울리지 못하는 외톨이 학생은 책망을 들을 까닭이 없다. 어른들은 혼자 있어도 되고 아이들은 혼자 있으면 안 된다는 법이라도 있는가. 아이가 문제적인 행동을 보이는 것도 아니고 다른 친구들에게 피해를 주는 것도 아니라면 반 아이들과 어울리고 안 어울리고를 결정할 사람은 아이 본인이다. 거기에 토를 달 필요가 있을까? 이유야 어떻든 마르슬랭과 르네처럼 혼자 노는 것을 즐기는 아이는 있게 마련이고 그것은 아이 나름 살아남기 전략이기도 한 것이다.

당신은
누구시길래

　나는 당신에게 당신의 영정사진을 직접 고르게 했다. 앨범에 정리하지 못한 사진 박스를 거실로 들고 나와 당신만의 독사진을 내밀면서 가장 마음에 든 사진이 어떤 것인지를 물었다. 당신보다 이승에 적을 둘 날이 많은 나로서는 보내는 입장에서 그것이 당신에 대한 도리라고 여겼다.
　그런데 가끔 그것이 잔인한 일이었다는 생각이 들기도 한다. 그때 당신의 기억은 이미 쇠락의 길로 접어들고 있었다. 옆에 아들 녀석을 앉혀놓고도 "이 애가 누구야?" 집에 온 당신 형님 내외에게 딸아이를 가리키며 "왜 딸을 데리고 가지 않으세요?"라고 물어오던 때였다. 그런 와중에 잠깐잠깐 당신의 기억은 청명한 가을하늘처럼 명징한 순간이 있었다.
　치료방법이 없다는 의사의 말에도 당신은 의연하게 버텨갔다. 내가 말로만 듣던 세계명작을 읽어봐야겠다는 뜻을 내비치

자, 그것 좋은 생각이라고 적극 격려했다. 평론가로서 독자의 길
라잡이 역할을 마다하지 않았다. 이런저런 잡다한 책을 읽기보
다는 세계명작을 읽는 편이 나을 거라고. 마음을 잡고 읽기까지
당신의 조언이 컸다. 당신은 먼저 D.H.로렌스의 작품들을 읽어
볼 것을 권했다. 로렌스는 정말 뛰어난 작가라고, 작품들이 모두
감동적이라고 했다. 나는 집에 있는 로렌스 작품을 당신 덕에 거
의 읽을 수 있었다. 눈에 띄게 당신의 병세는 악화되어 갔다. 의
사는 마지막 카드로 효과가 미지수인 항암치료약을 처방했다.
여섯 달 복용할 약을 두 달 만에 끊었다. 당신의 몸은 그렇게 세
상과의 작별을 준비했다.

그때 당신을 위해 나는 무엇을 할 수 있었을까. 당신이라는 사람
이 이 지상에서 사라져버릴 거라는 생각은 끔찍한 공포감을 안
겼다. 생각만으로도 온몸에 쥐가 날 정도였다. 예고도 없이 불쑥
불쑥 당신의 죽음과 그 이후의 일들이 머릿속을 파고들었다. 하
늘의 뜻이라고 해도 머리와 가슴이 받아들이는 문제는 차원이
달랐다. 감당할 수 없는 현실에서 도망을 가고자 애를 썼다. 어
디로 가야했을까. 절망적 상황에서 무심코 서가에서 집어든 것
이 『제인 에어』였다. 불안한 영혼이 그 책에 어떤 기대를 걸었던

것은 아니다. 나는 글자를 따라 무의미한 시간 싸움을 한다. 책의 대충 줄거리 말고는 세부적인 내용은 읽는 순간 잊혀졌다. 시간이 지나면 당신이 질 수밖에 없는 불리한 싸움에서, 나는 구경꾼으로 시간에 편승하여 당신을 지켜봐야 했다.

남의 불운을 보면 자신의 불행이 상쇄되기도 한다지만, 제인의 불행에 나는 어떤 감응도 받지 못했다. 그만큼 당신의 불행 외에는 보이는 것이 없었다. 제인의 불행은 허구의 세계에서 일어나는 문학적 사건에 불과했다. 어떤 것도 주책없이 흘러가는 감상적인 분위기를 막지 못했다. 집안일을 대충 끝내고 당신이 일어나기 전 오전 자투리 시간에 나는 『제인 에어』를 읽고 있었다. 늦은 아침잠에서 깨어나 당신이 날 보며 물었다. "『제인 에어』 읽고 있어? 어때, 재미있어?" 내가 책을 들고 있을 때면 당신은 가끔 책 관련 정보를 곁들이면서 내게 소감을 물어오곤 했다. "글쎄요."하고 얼버무릴 때가 많았지만, 그때만큼은 책이 아주 재미있다고, 여자가 어떻게 남자의 몸이 그 지경인데 같이 살 생각을 하는지 모를 일이라고, 그 여자 참 대단하다고 적극적인 반응을 보였다. 그런 다음 나는 당신의 기억력을 시험이라도 하려는 듯 "여보, 『제인 에어』 남자 주인공, 그 백작 이름이 갑자기 생각이 안 나네, 뭐였더라? 혹시 당신 그 남자 이름 생각나세요?" 책을 뒤적이는 시늉을 했더니 당신 입에서 "로체스터"가 곧바로 튀어나왔다.

로체스터. 그래, 로체스터다. 당신의 머리가 짓궂은 장난을 치던 그때 당신이 선명하고 확신에 차서 불러주던 로체스터 씨를 나는 잊지 못할 것이다. 로체스터 씨가 당신이 아직 괜찮다고 내게 말을 걸어온 듯했다. 그래서였을까. 그 즈음 식탁에 앉아 있는 내 얼굴을 들여다보며 당신은 대뜸 "얼굴에 번민이 있네. 걱정하지 마, 나 아직 괜찮아." 라고 날 위로했다. 그렇게 당신은 "무서운 검은 구름의 터진 틈으로, 언뜻언뜻 보이는 푸른 하늘"(한용운의「알 수 없어요」) 같은 기억으로 당신다움을 지켜냈다.

마음에 둔 사진을 고를 때에도 당신의 기억은 '푸른 하늘' 쪽에 가까웠다. 당신을 따르던 전 〈출판저널〉 사진기자가 찍어준 사진 한 장을 골라 들고서 당신은 그 사진기자의 안부를 궁금해 했다. 어디에 쓰일지도 모르면서 당신은 사진 속에서 환하게 웃고 있는 당신을 오래도록 들여다봤다.

당신은 로렌스의 단편「목사의 딸들」을 귀히 여겼다. 이 작품은 당신에게 조금 남다른 자긍심을 가져다준 작품이다. 대학시절 문학평론가의 '비평론' 강의시간에 당신은「목사의 딸들」을 비평하는 글을 통해 비평가로서의 자질을 인정받는다. 그것은 당신에게 "비평적 안목이 있고, 또한, 그러한 안목을 표현하는 능력을 갖고 있다는 자신감을 심어 주었다." 마르크스와 엥겔스의 사상을 인용한 당신의 글에서 나는 젊은이다운 치기와 패기를 본다. 당신은 '「목사의 딸들」에 나타나는 부르주아적 결혼의 양상'에서 부르주아적 결혼의 양상을 메어리의 결혼에서 찾고, 루이자와 듀란트가 결혼 후 외국으로 이민을 가는 결말 부분에서 로렌스의 진보성을 짚어낸다. 당신 덕에 나는「목사의 딸들」을 부르주아 계층의 허위의식이 드러나는 사회성이 짙은 작품으로 이해한다. 그러나 나는「목사의 딸들」보다 개인의 내면이 강렬하게 읽히는「국화 향기」가 좋았다.

「국화 향기」의 무엇이 나를 매료시켰을까. 죽음의 세계에 경도된 내 학창 시절의 감상적인 허무주의가 견인차 역할을 한 것 같기도 하다. 그때의 죽음은 관념적이었다. 작품의 여자와 처지는 다르지만, 여자가 남편의 죽음을 통해서 깨달은, 존재 또는 관계의 고독감과 허망함에 공감하는 바가 컸다.

작품은 탄광 근처의 빈민촌 가정에 일어나는 불행한 사건을 다룬다. 탄광이 무너져 내리는 바람에 남편은 불귀不歸의 몸이 되고 말지만 여자는 남편의 귀가를 기다리면서 노심초사한다. 남편을 기다리는 여자의 감정은 복합적이다. 무능한 남편에 대해 불신과 적의를 드러내다가도 어느 순간 노여움이 두려움의 색조와 섞이면서 불길함으로 바뀐다. 작품은 남편의 죽음이 불러올 사회적 파장보다 죽은 이를 두고 시어머니와 며느리 사이에 흐르는 미묘한 갈등과 여자의 존재론적인 고민에 더 가까이 다가간다.

시공을 초월하여 자식을 잃은 어머니의 슬픔만큼 그지없는 것이 있을까. 자식을 둔 부모의 입장이 돼보니 그 절절한 고통과 슬픔이 어떠할지 조금은 짐작이 된다. 하지만 시어머니의 다음과 같은 발언에는 자식을 잃은 슬픔보다 불순한 의도가 엿보인다. "하지만 걔는 네 아들은 아니지. 리지, 바로 그게 다른 점이 야." 죽은 자식과의 혈연을 강조하는 시어머니의 말에는 며느리는 아들과는 남이니 자기보다 고통이 덜 할 거라는 뉘앙스가 풍긴다.

 아들을 잃은 쪽이 남편을 잃은 쪽보다 훨씬 고통스럽다는 것이리라. 그걸 확인시켜야만 하는 시어머니의 심정을 모르는 바가 아니다. 아들의 죽음은 시어머니에게 다음과 같은 결과를 불러오기 때문이다. "어머니는 그녀의 자궁이 거짓으로 끝난 느낌을 받았으며, 그녀 자신이 부정당한 느낌이었다." 며느리 앞에서 시어머니의 위세도 아들이 살아 있을 때나 가능한 일. 모성과 존재감이 부정되는 현실에서 시어머니가 기껏 아들과의 피붙이라는 사실을 강조한 것은 일말의 동정심을 일으킨다. 그런 시어머니의 행동이 여자에게는 "단조롭고 짜증스러운" 중얼거림 정도로 비칠 수도 있으리라.

당신이라는 사람이 이 땅에 살기는 한 것일까? 영정 속의 당신이야말로 당신이 이 땅에 살다간 증좌이지만, 나는 당신이라는 사람과 어떤 세월을 엮었는지를 도통 알 수가 없다. 집안에 널린 유품에는 이제 더 이상 당신다운 기품은 없다. 당신은 집안 곳곳에 배인 당신의 기운을 모조리 거둬갔다. 당신은 존재하나 당신은 어디에도 없다. 당신이 저술한 책에서 당신의 이름과 얼굴을 마주치지만 나는 그것들이 내가 아는 당신인지 아닌지를 확신하지 못한다.

당신이라는 사람이 이토록 불투명하고 불확실한 존재였을까. 살아서 우리가 일군 삶이랄지, 사랑이랄지 하는 속성들이 죽음 앞에서 이렇게 공空으로 돌아가고 속수무책이다. 아이러니하게도 당신의 부재가 당신이라는 사람이 누구인지를 자꾸 캐묻게 한다.

죽음 앞에서의 여자의 존재론적인 고뇌는 바로 독자의 몫으로 이어진다. 우리는 누구나 굴절된 시각으로 세계를 인식한다. 남편의 죽음을 통해서 삶의 진실을 깨닫는 여자도 예외는 아니다. 여자는 남편을 잘 알고 있으며 친숙한 존재라고 생각했다. 하지만 여자의 생각과 달리 남편은 여자에게 낯선 존재에 지나지 않았다. "그는 줄곧 그녀와 별개의 존재였으며, 그녀가 결코 살아본 적이 없는 식으로 살았고, 그녀가 결코 느껴본 적이 없는 식으로 느꼈던 것이다." 타인을 자기 식대로 이해하거나 타인의 존재를 부정하는 삶은 억지스럽고 이기적인 속성이 있다. 확신과 허위로 가득한 삶이 적나라한 모습을 드러내는 경우는 죽음 앞에서다. "그는 그녀로부터 아주 영원히 별개의 존재가 되었음을, 아주 영원히 그녀와는 더 이상 아무런 관계가 없게 되었음을 깨달았다." 존재란 본질적으로 고독한 개별자다. 죽음 앞에서 삶은 이토록 헛헛하다. 죽음은 끝없는 공허감을 남긴다.

여자가 죽은 남편에게서 느낀 바를 나 역시 당신에게서 느낀다. 문학적 사건이 현실화되는 일 없이 평범한 독자로 남을 수 있었으면 좋으련만. 나는 어느덧 여자와 동병상련의 처지가 돼 여자가 자문하는 바를 내 것으로 체화하여 받아들인다. "나는 누구인가? 나는 이제껏 무엇을 해온 것인가? 나는 이제껏 존재하지도 않는 남편이란 것과 싸워왔다. 늘 존재해온 것은 바로 이 사람이었다. 나는 이제껏 무슨 잘못을 저지른 것일까? 이제껏 내가 함께 살아온 것은 무엇이란 말인가? 진짜는 여기 누워있는 바로 이 사람인데."

함께 살아온 세월동안 당신은 내게 무엇이었을까. 한때 존재했으나 지금은 존재하지 않는 당신이라는 사람에게서 느끼는 이 막막함과 생경함이 두렵고 서글프다. 더 이상 당신이랄 수 없는 사람에게 당신의 진정성을 묻는 것은 허망한 일이다. 내게 당신이란 존재는 알 수 없는 그 무엇이다. 불가해한 삶에 답이 없듯, 존재도 예외일 수 없으리니.

당신은 그리움이기도 하고 헛된 삶이기도 하다. 「국화 향기」의 여자가 깨달은 바를 유보하면서 나는 당신이 내게 무엇인지를 오래도록 물어갈 참이다. 문득문득 가슴을 치는 어떤 느낌과 이미지로, 그리고 아이들을 통해서 스쳐가는 분위기로 나는 당신을 알아보기는 할 것이다.

학생이란 걸
해야만 할 때

책 제목에 귀가 솔깃했다. "이런 재미난 책 제목이 다 있구나." '중학생 같은 것'을 '어쩌다' 하고 있다니. 학교를 다니면서 학생이라는 것을 '어쩌다' 하고 있다는 생각은 단연코 해보지 못했다. 한숨 소리에나 섞여 나올 법한 '어쩌다'가 비틀어지니 제법 어떤 깡다구가 느껴진다. 나라꼴 돌아가는 것이 마땅찮을 때는 '어쩌다 이런 나라에 태어나서'라는 말이 절로 나온다. 나라만 문제인가. 가정으로 눈을 돌리면 '어쩌다 저런 자식을' '어쩌다 저런 부모를'이다. 체념과 자조적인 뉘앙스의 이 말이 학생과 어울리니 제법 발칙하다. "어쩌다 학생 같은 것을 하고 있을까!"

    나라와 가족은 선택하고 자시고 할 계제가 못 되지만 학생이라는 신분은 개인의 의지에 따라 얼마든지 그만둘 수 있는 문제라서 그런가? 따지고 보면 제도권의 학생 그까짓 것, 해도 그만 안 해도 그만이 아니던가. 누구 말마따나 세상은 넓고 할 일은 많은데, 왜 하필 학생 같은 것을 하면서 학교 '징역살이'를 한 단 말인가. 학생이라는 사실이 억울할 만도 하다. 그래도 어쩔 것인가. 대부분은 도리 없이 학생의 직분을 성실히 이행할 수밖에 없는 것이 현실이니 말이다.

『어쩌다 중학생 같은 것을 하고 있을까』(쿠로노 신이치 지음)는 학교생활에 별 재미를 못 느끼는 중학교 2학년 학생 이야기다. 스미레는 중학교 2학년이 되자 "어느 날 엄청난 불행이 닥쳐와서 지옥 같은 곳으로 끝도 없이 추락할 것 같은 기분"을 경험한다. 학교생활에 대한 불행감은 아이에게 말동무가 없다는 사실과 무관하지 않을 터다.

　　스미레는 점심시간 학교 구석진 자리를 찾아 혼자 도시락을 먹는다. 도시락을 먹을 친구조차 없는 학생이다. 중학교 1학년 때는 친하지는 않아도 도시락 정도는 먹을 친구가 있었건만, "올해는 완전 외톨이다. 역시 혼자 고립되는 건 힘들다"고 속내를 드러낸다. 상황이 이러하니 어떻게든 고립감은 피하고 봐야 하지 않을까. 따라서 스미레는 고립감에서 벗어나기 위해 고군분투한다.

　　작품은 스미레의 친구 사귀기의 도전기이자 실패담이다. 또한 작품은 학교에 대한 부정적인 시각을 자주 드러낸다. 스미레는 반에서 제일 잘나가는 그룹에 동화됐다가 뜻하지 않은 사건으로 그룹에서 왕따를 당하고 만다. 하지만 고통스러운 시기에 제 마음을 읽어주는 친구와의 우정이 결실을 맺으리라는 점에서 상황이 그리 나쁘게만 돌아가는 것은 아니다.

자녀가 학교를 안 간다고 할 경우 부모들은 어떤 반응을 보일까. 대부분은 일단 문제를 봉합하여 어떻게든 자녀를 학교에 보내려는 입장을 취한다. 어느 집단이고 문제가 커지는 것을 원치 않기 때문에 개인을 희생양으로 삼으려는 경향이 있다. 학교도 마찬가지다. 문제의 학생을 열등생으로 몰면 해결이 간단하지 않던가. 그런 탓에 자녀가 등교 거부를 할 경우 남의 이목을 의식하는 부모일수록 아이의 의견을 존중하기보다는 등교를 무리하게 강행하는 것이 아닐까 싶다.

요즘은 학교에 보내지 않고도 자녀를 교육하는 부모가 꽤 있다고 한다. 하지만 한국사회에서 남들이 다 가는 초·중·고등학교를 보내지 않고 독자적인 방법으로 자녀를 키울 배짱 있는 부모가 과연 몇이나 될까? 자녀가 학교를 안 간다고 할 경우 우리나라의 부모들 역시 스미레의 엄마와 별반 다르지 않을 것이다. "엄만 충격 받아 드러누울 것이다." 전학을 가는 방법을 고려할 수 있겠지만 전학이 결정되기까지 아이에게 시련이 따를 것은 말할 것도 없다. "등교 거부하고, 울고불고, 단식하고, 애가 머리가 이상해졌나 싶을 만큼 온몸으로 심각성을 어필"하는 상황을 연출해야 한다. 그렇기에 학생은 학교가 싫더라도 도살장에 끌려가는 소처럼 도리 없이 가야만 하는 것이다.

학교에 대한 부정적인 견해와 '왕따'라는 심각한 문제를 건드리면서도 작품이 무거운 분위기로 흐르지 않은 것은 스미레의 말투가 허세와 과장을 특징으로 하고 있기 때문이 아닌가 싶다. 스미레는 아이들 사이에 유행하는 '중2병'이라는 특징을 잘 보여준다. 우울한 면도 보이고, 혼자 중얼거리기를 잘 하고, 부정적인 생각에 타인을 무시하는 발언 등을 서슴지 않는다.

스미레가 파악하는 교실 분위기에서도 이런 모습은 부각된다. 교실의 여학생은 지구가 망할 거라고 외치고 다니는 종교집단 마이카네와 이와 대조적인 날라리 그룹 아오이네 두 부류로 나눌 수 있다. 스미레는 마이카를 '위험한' 존재 또는 '원시인' 같은 느낌을 주는 아이로 평가한다. 그리고 얼굴도 예쁘고 공부도 잘하는 아오이가 날라리짓을 하는 것은 이해할 수 없다는 의견을 내놓는다. 남학생에 대한 평가는 가혹하다. 중학생이 되는 순간 짐승으로 변하여 온갖 음담패설을 늘어놓은 "개똥에 달려드는 똥파리들 같"은 녀석들이라나.

그 중에도 예외적인 인물이 있으니 스미레와 고립된 점에서 처지가 비슷한 준이라는 남학생이다. 하지만 준과 달리, 스미레는 "열네 살 때는 열네 살로서 해야 할 일이 틀림없이 있을" 것을 확신하면서 열네 살에 마땅한 일을 찾아 나선다. 아무것도 하지 않는다면 잃을 것이 없지만 또한 얻을 것도 없는 것이 세상의 이치다. 스미레가 모험을 두려워하지 않은 것은 참으로 고무적인 일이다.

후미진 곳에서 도시락을 먹는 스미레에게 제일 먼저 말을 걸어오는 이는 종교집단 마이카네다. 이때의 기분을 스미레는 "두려운 기쁨"으로 표현한다. 스미레는 "사이비종교집단" 같은 이 부류가 별로 마음에 들지 않는다. 그렇기에 제게 관심을 가져 준 것은 기쁜 일이지만 더불어 두려운 마음도 생긴 것이리라. 종교집단으로부터 정신적인 '감화'를 받을 인물이 못 되는 스미레는 마이카에게 "불쌍한 어린 양"으로 취급받자 본심을 드러내고 만다. '교주 모독죄'의 벌은 "지옥에나 떨어져라!"다. 혼자 있는 스미레에게 구세주나 되는 양 마이카 그룹이 등장하는 것은 참으로 적절한 타이밍이 아닐 수 없다.

현실에서도 특정 종교를 강요하는 무리는 달랑 혼자 있는 사람에게 적극적인 공세를 펼치곤 하기 때문이다. 이사를 다닐 때마다 제일 먼저 우리 집을 방문하는 무리는 예수님을 믿으라는 종교 부류였다. 그들은 낯선 곳으로 이사 온 사람의 고립과 불안 심리를 이용할 줄 안다. 좋은 말씀을 핑계로 남의 집 초인종을 제집이나 되는 것처럼 무례하게 눌러댄다. 풀어놓을 말씀을 받들 생각이 없던 나는 그들의 '사탄'이기도 했다.

스미레는 수학시간을 계기로 새로운 사실을 깨닫게 된다. 뭉치면 살고 흩어지면 죽는다는 말을 떠올리지 않더라도 개인은 무리에 비해 강자의 먹이가 될 확률이 높다. 특히 고립된 학생은 변덕이 죽 끓듯 하는 선생님의 제물이 되기 쉽다. 스미레는 선생님의 변덕에 대항하기 위해 그룹을 짜고 자신을 지킬 수단을 만들어야 한다는 사실을 터득한다.

그리하여 학급에서 가장 잘 나가는 날라리 그룹에 편입되고자 기를 쓴다. 날라리 그룹 아이들과 같아지기 위해 스미레는 "패션도 공부하고 머리도 물들이고 담배도 피우고 술도 마셨다. 헌팅을 당해도 도망치지 않고 어른처럼 굴었다." 이렇듯 스미레는 별 무리 없이 그룹의 일원이 되었다. 하지만 물건을 훔치라는 요구는 도저히 받아들일 수가 없다. 이 일 때문에 배신자로 낙인찍힌 스미레는 아오이네 집단으로부터 혹독한 괴롭힘을 당한다. 결국 등교 거부에 리스트 컷 wrist cut까지 생각하는 심각한 상태를 맞는다.

작품의 에필로그 「열아홉 살이 된 스미레가 내린 결론」에서 이 글이 중학교 2학년 때의 녹음 일기라는 사실이 드러난다. 스미레는 중학교 2학년을 "저주 받은 나이. 열네 살. 격동의 일 년. 그 일 년 동안 십 년 치 경험을 한 것 같다"고 털어놓는다. 스미레의 말이 다소 과장되게 들리기는 하지만 스미레에게 중학교 2학년은 그만큼 혹독한 시기였다.

개인의 내면을 가감 없이 고백하는 일기는 아무래도 행복한 사람보다 고통에 직면한 사람에게 더 어울리는 기록물이 아닐까. 고독한 내면의 자아가 불러내는 마음의 친구가 일기라는 생각이 든다. 그때의 일기는 절박한 데가 있다. 절망적인 순간에 어디에라도 속마음을 털어놓고 나면 그 자체가 위로가 되고 치유가 되기도 한다. 자기 내면의 소리에 귀를 기울이다 보면 감정은 정화되고 어느 결에 마음은 평상심을 찾는다. 스미레가 중학교 2학년이라는 시련기를 무사히 건널 수 있었던 것은 육성 일기의 덕이 컸던 게 아닌가 싶다.

"대체 왜 학교 같은 제도가 세상에 있어야 하는 건가요? 왜 비슷한 나이라는 이유 하나만으로 아이들을 같은 장소에 몰아넣고 격리하는 겁니까?" 학교에 대한 스미레의 항의성 발언이다. 근대의 학교가 감옥과 같은 감시와 처벌의 성격을 띤다고 하지만 우리는 학교를 감옥과는 차원이 다른 인간적인 공동체라고 믿는다. 아침마다 자녀를 감옥 같은 학교에 보내고 있다고 생각하는 부모가 세상천지에 어디 있단 말인가! 그런데 재미있는 것은 학생들은 학교를 종종 감옥에 비유한다는 사실이다. 아이들은 학교의 본질을 은연중 피부로 느끼며 생활하고 있는 게 아닐까. 스미레가 '지옥' 같은 곳으로 느낀 것처럼 말이다.

학교는 어른 사회의 축소판이다. 학생의 문제는 대개 어른의 문제이기도 하다. 학교에서 일어나는 문제에 어른의 책임이 크다는 뜻이다. 그런데 어른들은 문제를 직시하기보다는 회피하려는 경향이 있다. 더러는 학생의 문제를 아예 모른다. 스미레의 경우도 그렇다. 선생님과 부모님은 아이의 상태를 잘 알지 못한다. 급우들의 무시 행위와 괴롭힘이 아이를 '뇌사' 상태에 이르게 할 정도인데도 말이다. 미리 막을 수 있는 문제임에도 어른의 무관심이 아이의 고통을 가중시키는 꼴이다.

사는 일은 누구에게나 고달픈 일이다. 우리 사회에서 제도권의 학생으로 산다는 것 또한 만만찮아 보인다. 현재의 삶을 저당 잡히면서 오로지 교과 공부밖에 눈독을 들일 수 없는 처지라면 더욱 그럴 것이다. 학생으로 산다는 것은 다분히 자신을 소모하는 일이며, 항시적인 불안에 시달리는 일이기도 하다. 학교는 이제 '애벌레'(『꽃들에게 희망을』)를 양산하는 일을 그만둬야 하지 않을까. 학생들 저마다가 제 빛깔에 맞는 '나비'가 될 가능성을 제발 짓밟지 말라.

내가 그림책을
읽는 이유

 나는 책을 그리 즐겨 읽지 못한다. 책을 즐기기보다는 책 읽는 분위기를 좋아한다고나 할까. 어떤 일을 적극적으로 추동하지 못한 성격이 독서에도 영향을 미치는 것이 아닐까 싶다. 책을 읽다가도 '그래서 어쩌자는 거야?' '이걸 왜 읽고 있지?' 하는 회의적인 생각이 자주 머리를 치고 들어온다. 온전히 독서에 몰입하는 타입이 못 된다는 뜻이다.

 그런데도 남들이 책을 읽는 것을 보면 부럽기도 하는 한편, 그림 좋은 풍경이 눈앞에 펼쳐진 것 마냥 마음이 편안해진다. 특히, 우리 집 애들이 책에 빠져 있는 것을 보면 부모로서 마음이 든든하다. 먹는 게 없어도 배가 불러오는 느낌이랄까. 제 자식 입에 밥숟갈 들락거리는 것을 보는 부모의 심정이 그것과 딱 맞먹는 게 아닐까 싶다.

 어릴 때 나는 책이 귀한 집에서 자랐다. 책이라고는 교과서가 전부라고 할 그런 집안에서 자랐으니 내 독서이력은 일천하기 그지없다. 책에 욕심을 내면서도 그것들을 수월하게 읽어내지 못하는 것은 어릴 적 책에 노출되지 못한 가정환경과 무관하지 않을 것이다. 그래서 책을 읽는 우리 집 아이들을 통해서 나는 일종의 대리만족을 하고 있는 것이리라.

어릴 적 독서에 대한 경험을 가져보지 못한 탓에 책과 독서는 일종의 나의 '로망'이기도 했다. 결혼을 한다면 도서관 같은 집에서 아이들에게 책 읽는 분위기를 만들어주는 부모가 되리라. 드라마와 소설에서 마주칠 법한 사방 벽에 책이 꽂힌 서재에서 책 읽는 가족을 머릿속에 그리기도 했다. 다행히 책을 좋아하는 남자와 결혼한 덕에 내 꿈은 실현되었다.

『마음이 흐린 날엔 그림책을 펴세요』(야나기다 구니오 지음)의 저자는 살아가면서 그림책을 읽을 시기가 세 번 정도 찾아온다고 말한다. 아이였을 때, 아이를 기를 때, 그리고 인생 후반이 되고 나서다. 책과는 담을 쌓은 집안에서 자란 탓에 내 유년기에 그림책을 읽는다는 것은 언감생심 꿈도 못 꿀 일이었다. 하지만 그 시기에 자연의 품에서 뛰어노는 것도 그리 나쁘지 않았다는 생각이 든다. 다만, 자연의 풍광과 더불어 그림책까지 곁들인 유년을 보냈더라면 하는 아쉬움은 남는다. 그림책이 어린이용 도서라는 점에서 아이였을 때와 아이를 기를 때 읽어야 한다는 것은 당연한 말처럼 들린다. 그런데 인생 후반에 그림책을 읽어야 한다는 것은 무슨 의미일까. 여기에는 저자의 불행한 개인사가 맞물린다. 저자는 인생 후반에 성장한 자식을 먼저 떠나보내야 하는 아픔을 겪는다. 아들이 자살로 생을 마감했기 때문이다. 아들을 잃고 그는 한동안 마음이 사막으로 변하는 '이인증離人症'의 상태가 된다. 그 와중에 한 권의 그림책이 그의 '오아시스'가 돼주었고, 이후로 그는 그림책의 세계에 발을 들여놓기에 이른다.

 책은 그림책의 영향으로 적극적인의 삶을 살게 된 사람들을 소개한다. 저자에게 그림책은 "영혼의 언어이며 영혼의 커뮤니케이션"이다. 그러니 그림책이 어린아이만의 것이라는 건 얼마나 잘못된 편견인가! 그는 그림책과 동화가 "인간의 따스함, 훌륭함, 잔혹함, 기쁨과 슬픔, 삶과 죽음 등을 실로 평이하게, 더욱이 밀도 있게 표현하고 있다"는 것을 "재발견"한다.

 저자의 그림책에 대한 '재발견'은, 인생 후반에 그림책과 친해지는 것은 그 사람의 내면적인 성숙과 연결되는 행위라는 생각으로 이어진다. 그림책의 가능성은 넓고도 깊다. 다만 그것은 읽는 사람이 어떤 상황에서 무엇을 구하려고 그림책을 집어드느냐와 긴밀하게 연관된다고 한다. 저자의 경험에 비춰보자면, 그림책은 상실을 체험한 사람의 좋은 반려자다. 삶에서 그 무엇도 의미가 돼주지 않고, 어떤 것으로도 위안을 삼을 수 없을 때문득 그림책이 손을 내미는 순간이 있을 것이다.

나의 그림책 읽기는 결혼하여 아이를 낳고 기를 때부터 시작된다. 나는 첫째 아이보다 둘째 아이에게 더 많은 그림책을 읽어줬다. 초등학교 2학년인 둘째는 지금도 엄마가 그림책과 동화를 읽어주는 것을 좋아한다. 하지만 첫째는 글자를 깨친 이후부터 책 읽어달라는 소리를 잘 안 했다.

아이들이 서너 살 무렵 잠자리에서 엄마에게 그림책을 읽어달라는 이유도 달랐다. 첫째 아이는 밤마다 잠자리로 책을 산더미처럼 옮겨왔다. 마치 그걸 다 읽어야 잠을 자겠다는 듯이 말이다. 읽어가는 그림책 권수가 늘어갈수록 아이의 정신은 말똥말똥해지는데 정작 엄마의 눈꺼풀이 무거워 아이보다 엄마가 먼저 잠에 빠져들곤 했다. 반면, 둘째의 책 권수는 많아야 네다섯 권을 넘기지 않았다. 책을 읽다가 아무 기척이 없다 싶어 들여다보면 아이는 이미 잠에 곯아떨어져 있다. 그러니까 엄마의 그림책 읽기는 큰아이에게는 잠자는 시간을 조금이라도 늦춰보려는 시간벌이용이었고, 작은아이에게는 자장가인 셈이었다.

기분이 좋은 날이면 남편은 유독 책을 사들고 왔다. 그런 날에 소장하고 싶은 책이나 읽고 싶어도 선뜻 사지 못한 책들을 핑계 김에 내처 사들고 오는 배포를 부렸다. 그런 사람에게 아이들이 태어났으니 책을 사들이는 횟수는 더 잦을 수밖에 없었다. 남편은 첫째 아이 100일 기념으로 '세밀화로 그린 보리 아기 그림책' 시리즈를 사들고 왔다.

이 그림책은 우리의 땅과 강 그리고 바다에 사는 동식물을 15권으로 묶은 유아용 정보 그림책이다. 지금은 책의 권수가 30권에 이른다. 어른 손바닥 크기에 두꺼운 재질의 책은 모서리를 둥글게 처리하여 아기들이 갖고 놀아도 다칠 위험이 적었다. 시리즈에서 딸아이는 『주세요 주세요』를 유달리 좋아했다. 이 책 때문에 집에 있는 과일은 수난을 겪어야 했다. 그림책의 꼬마 여자아이처럼 딸아이가 과일을 장난감처럼 갖고 노는 바람에 집에 과일이 남아나지 않았다. 바구니의 과일은 냉장고를 몇 번 오가다가 실내에 방치되고 결국 쓰레기통으로 직행하곤 했다.

아이에게 읽어줄 그림책을 선택할 경우 대개는 읽어주는 사람의 취향이 반영되기 마련이다. 아이들이 책을 좋아하는 사람으로 자랐으면 하는 바람에서 아이들에게 그림책을 읽어주기도 했지만, 때로 그림책이 나의 유년을 환기시켜서 더욱 열성적으로 읽기도 했다. 내 유년을 상기시키는 그림책은 '세밀화로 그린 보리 아기 그림책' 후속편이라 할 수 있는 '도토리 계절 그림책' 시리즈다. '세밀화로 그린 보리 아기 그림책'과 그림 작가가 동일인이라서 동물들이 한결 친근감 있게 다가왔다. '도토리 계절 그림책'은 아이와 동물을 주인공으로 내세워 농촌의 사계에 관한 정보를 농촌 아이의 일상 이야기로 풀어낸다. 이 책들을 보면서 나는 사계절 풍경 속으로 시간여행을 떠나곤 했다.

'보리 아기 그림책' 『나도 태워 줘』의 집에서 기르는 동물은 '도토리 계절 그림책' 여름 편 『심심해서 그랬어』로 이사를 온 느낌이다. 나는 사계절 그림책 중에서 『심심해서 그랬어』를 좋아한다. 돌이처럼 못 견디게 무료하던 어린 시절이 겹쳐지기도 하고, 한 식구와 진배없던 집에서 기르던 짐승들이 아련히 떠오르기 때문이다.

아무래도 엄마는 자기가 선호하는 그림책을 아이에게 더 자주 읽히기 마련이다. 내가 꼬드기는 것도 있지만 딸아이는 『심심해서 그랬어』를 시골 외할머니 집에까지 가져가서 그림책의 동물을 실물과 확인하는 '작업'에 들어가기도 했다. 우리 집 두 아이가 시골의 들판을 좋아하거나 동식물에 관해 남다른 애정과 관심을 보이는 것은 어릴 적 독서경험과 무관하지 않으리라. 『심심해서 그랬어』는 나중에 다시 한 권을 사들였다. 누나와 네 살 터울인 둘째가 그림책을 볼 시기가 되자 책의 파손 정도가 자못 심각했기 때문이다.

두 아이에게 책을 읽어주면서 알게 된 것이 있다면 아이가 글자를 깨쳐도 엄마가 아이에게 책을 읽어주는 것이 아이의 정서와 정신에 유익하다는 사실이다. 둘째 아이가 첫째 아이보다 엄마와의 유대가 강하고 정서적으로 안정돼 있는 것을 보면 그렇다. 물론 아이 나름의 기질적인 특성을 무시할 수 없지만 내 경험상 그렇다는 것이다. 그런 점에서 요즘 부모들이 어린 자녀에게 육성으로 그림책을 읽어주지 않고 플래시 동화나 오디오북으로 그림책 읽어주기를 대신하는 것은 우려스러운 일이다. 아이가 그림을 보면서 내용을 받아들인다는 점에서는 하등 차이가 없으니 그게 무슨 문제가 되느냐고 반문할 수 있겠다. 차이라면 말 그대로 사람과 기계의 차이가 아닐까. 이 차이를 굳이 설명할 필요는 없을 것이다. 결과적으로 나의 그림책 읽기는 아이의 독서이자 엄마의 독서이기도 했다.

『마음이 흐린 날엔 그림책을 펴세요』를 읽어본 독자라면 누구나 저자의 그림책에 대한 더할 나위 없는 정감과 애정에 감동을 받을 터이다. 세계와 타인에 대한 저자의 공감력에서도 마찬가지다. 이 책 덕에 우리 집 그림책 목록이 꽤 늘어났다. 저자 소개 그림책을 직접 읽어보고 싶었기 때문이다. 아이들이 읽기 벅찬 그림책도 있지만 나중에 아이들도 그림책을 음미하며 읽을 날이 올 것이다.

    누구에게나 마음이 흐린 날은 있다. 살다 보면 예기치 못한 불운을 만나기도 하고, 사는 일이 뜻대로 되지 않아 우울하기도 하고, 지금껏 살아온 삶을 반추하다 보면 회한이 밀려들기도 한다. 이런 사람의 마음은 디지털화된 정보로는 전달되지 못한다. "체온이 있고, 시간과 공간이 있는 표현 수단"으로서 그림책이 하나의 대안이 될 수 있음을 이 책은 알려준다.

    친정아버지는 세상을 뜨기 전 한 달여 정도를 도시에 사는 자식들 근처의 요양병원에 계셨다. 다섯 살 난 아들 녀석을 데리고 나는 가끔 아버지 병문안을 갔다. 아이는 병원에 발을 들여놓기가 무섭게 집에 가자며 떼부터 썼다. 아이의 입막음용으로 사탕과 그림책을 준비해갔으니 망정이지 녀석 때문에 아버지 얼굴도 못 보고 병원 입구에서 몇 번 돌아설 뻔했다.

 삶의 막바지를 불편한 잠으로 보충하던 아버지 옆에서 나는 아들 녀석을 무릎에 앉히고 그림책과 저학년 도서를 읽으며 시간을 보냈다. 그때는 녀석을 어떻게라도 병원에 잡아둘 심사로 그림책을 읽었지만 아버지가 돌아가시고 난 다음에야 알게 되었다. 아들에게 그림책을 읽어준 그때가 내 인생에서 아버지 옆에 가장 오래 붙어 있는 시간이었음을. 아버지에게 막내딸의 목소리를 가장 오랜 시간 들려줬다는 것을. 오랜 시간이라? 기껏 30분 정도였다.

그래도 아직은
희망이다

알고 지낸 지가 근 3년이 됐다. 가게 손님으로 가서 물건 값을 계산할 때 날씨와 먹거리에 대해 인사조로 몇 마디 말을 섞었을 뿐 교류한다고 할 것까지는 없었다. 그런데 자꾸 대면할수록 사람이 좋았다. 심성이 고운 사람이었다. 그이의 부스스한 파마머리가 특이해서 머리 얘기를 꺼내니까 그이는 유방암 수술을 받은 사실을 털어놓았다. 원래는 생머리였는데 수술 이후 곱슬머리가 되었다는 것이다. 그래서 나도 자연스럽게 남편이 암 환자라는 것과 남편도 수술 이후 머리에 변화가 오더라고 이야기를 얹었다. 남편은 수술 이후 두피에 건선이 생겨 머리를 삭발하고 다녔다. 그렇게 사적인 얘기를 주고받으면서 친해졌고 우연찮게 나이가 같다는 것을 알고서는 말을 트는 사이가 되었다.

그러던 차에 그이는 허리가 아파서 물리치료를 받는다고 했다. 물리치료에도 허리 통증은 좀체 줄어들지 않는 것 같았다.

수술한 병원의 정기검사 날이 와서 검사를 받은 결과, 뼈로 암세포가 전이되었다고 한다. 물리치료에도 차도가 없던 허리 통증은 암세포 때문이라고 담담한 목소리로 들려줬다. 소식을 접하고 나는 참담해졌다. 인간의 나약함을 다시 한 번 절감하게 되었다고 할까. 독실한 신자라서 신앙심으로 의연하게 잘 대처해나갈 것이다. 불길한 생각을 떨치지 못하고 나는 그렇게 믿기로 했다. 그리고 기도하는 심정으로 머릿속에서는 뭔가 그이에게 미력하게나마 도움이 되는 책을 그리고 있었는데 그것이 『지금 있는 암이 사라지는 식사』(와타요 다카호 지음)다.

남편과 나는 이 책을 통해 한때나마 위안을 받았다. 병원에서 재발한 암을 치료할 방법이 없다고 통고를 해오던 때였다. 요구르트가 몸에 좋다는 것은 알고 있었지만, 유제품의 유해성 논란이 가시지 않아 남편이 아침마다 티벳버섯으로 우유를 발효시킨 플레인 요구르트를 먹는 것이 좋은 것인지 어쩐 것인지 판단이 서지 않을 때, 요구르트를 매일 적당량 먹어야 한다는 저자의 말에 내 불안감은 말끔히 씻겼다. 채소와 야채를 많이 먹어야 한다는 말에 주서기를 장만하여 과일주스를 만들고 음식에서 염분을 줄여가던 기억이 스쳐갔다.

심적인 저항감이 강한 책이어서 두 번 다시 손에 들고 싶지 않았지만 그이의 사정을 알게 되었을 때 제일 먼저 그 책이 떠올랐다. 서가에 깊숙이 박힌 책을 꺼내서 대충 훑었다. 그이에게 조금이라도 보탬이 되기를 바라며 온라인서점에 곧바로 주문을 넣었다.

책의 저자는 일본에서 30년 동안 4,000건 이상 암 수술을 성공시킨 소화기외과의 권위자 와타요 다카호 박사다. 그는 수술한 암 환자의 5년 생존율이 52%에 불과하다는 사실을 확인하고는 수술, 항암제, 방사선 치료의 한계를 절감하면서 그것을 극복하는 방안으로 기존의 식품에 관심을 가진 연구들을 토대로 '암 식사요법'을 개발한다.

암 식사요법의 요지는 식사를 바꾸는 것만으로도 암이 억제된다는 것이다. 수술이 불가능한 단계의 심각한 암 환자에게 항암제나 방사선 요법이 쓰이지만 그것은 생명을 연장하는 수준이지 그 이상을 기대하기는 어려운 것이 현실이다. 그런데 식사요법은 어떤 상태의 암 환자에게도 심지어 말기암 환자에게도 치유를 기대할 수 있다고 하니 눈이 번쩍 뜨이는 소식이 아닐 수 없다. 물론 모든 암이 식사요법으로 치유될 수 있는 것은 아니더라도 환자와 가족들은 누구나 실패할 확률보다 성공할 확률에 기대를 걸고 적극적인 생의 의지를 붙잡기 마련이다.

저자는 책의 서두에서 식사요법으로 암 치료에 실제로 성공한 사례를 소개하여 독자의 귀를 더 솔깃하게 만든다. 식사요법을 한 결과 어떤 환자는 간으로 전이한 암 20개가 석 달 만에 모조리 사라지기도 했고, 어떤 환자는 전이암으로 눌린 척추가 재생하고 다리 마비도 완전히 낫게 되었다. 어떤 환자는 치료가 어려운 췌장암의 크기가 3분의 1로 줄었다는 것이다.

이런 기적적인 일이 식사요법으로 가능하다고? 설마. 아무리 권위 있는 의사가 식사요법을 역설하고 성공사례를 제시해도 독자는 여전히 의심의 눈초리를 거두지 못한다. 이런 독자의 심리를 간파한 듯 저자는 인간이 암에 걸리는 이유와 암을 일으키는 네 가지 요인 그리고, 네 가지 요인들이 어떤 과정을 거쳐 암을 발생시키는지를 소상하게 밝힌다.

굳이 이 책을 접하지 않더라도 먹거리가 우리 몸에 얼마나 지대한 영향을 끼치는가는 이제 누구나 아는 상식이 되었다. 먹는 것이 그 사람을 만든다는 것에 이의를 달 사람은 별로 없을 것이다. 책에 따르면 암의 주요 원인으로 알려진 것은 유전 요소, 바이러스나 세균, 자외선, 방사선, 일부 식품이나 식품 첨가물, 화학물질 등이다. 그리고 이 중에서 절반은 입으로 들어가는 것이 원인이라고 한다. 저자는 식품과 관련된 암의 원인을 염분 과다 섭취, 구연산회로 장애, 활성산소 다량 발생, 동물성 단백질과 지방 과다 섭취라는 네 가지 항목에서 찾는다.

염분의 과다 섭취와 구연산회로 장애는 미네랄 균형을 무너뜨려 암 발생 확률을 높인다. 활성산소는 암, 생활 습관병, 노화의 주범으로 주변의 세포나 물질을 산화해 상처를 입히는 강한 힘을 가진다. 대식세포는 자연살해세포와 함께 암의 싹을 가장 빨리 잘라내는 역할을 한다. 그런데 동물성 지방을 과다 섭취하면 대식세포의 소모를 불러온다. 동물성 단백질 또한 발암률을 높이는데 그것은 효소의 활성을 높이기 때문이다. 동물성 식품은 이외에도 장내의 유해균을 증식시킨다는 점에서 대장암에 영향을 미친다.

먹거리와 암 발병의 상관성이 높다고 식사요법으로만 치료를 하겠다는 것은 순진하고 위험한 발상이다. 저자는 한쪽으로 치우친 정보나 오해로 치료시기를 놓칠 수 있다는 것을 명심하라고 충고한다. 저자의 치료방법은 3대 암 치료요법이 암 식사요법과 따로 노는 것이 아니라 병행되는데, 가시적인 암세포를 제거하는 것이 선행돼야 함은 물론이다.

저자가 내세우는 암 식사요법의 기본 원칙을 나열하면 다음과 같다. 염분은 제로에 가깝게 할 것. 동물성 단백질과 동물성 지방을 제한할 것. 신선한 채소와 과일을 대량으로 섭취할 것. 배아 성분이나 콩류를 섭취할 것. 유산균, 해조류, 버섯을 섭취할 것. 꿀, 레몬, 맥주효모를 섭취하고 올리브유와 참기름을 활용할 것. 자연수를 섭취하고 금주, 금연은 기본이다.

이 식사요법이 암 환자에게만 해당되는 것은 아니다. 건강한 사람도 이 식사요법에 따라 식사를 하면 더욱 건강한 삶을 유지할 수 있다. 저자가 건강을 유지하는 비결도 식사요법에 따라 식사를 한 덕이라고 한다. 그는 외과의사에게 절대적으로 필요한 시력을 보호하기 위해 염분을 줄이는 것으로 시력의 노화를 막을 수 있었다고 한다. 우리 몸에 필요한 나트륨은 해산물 같은 자연식품으로도 필요한 만큼의 양을 섭취할 수 있기 때문에 따로 염분이 필요하지 않다고 한다. 저자는 염분을 써야 할 경우라면 저염 소금과 간장을 쓸 것을 주문한다.

여기서 동물성 식품은 네 발로 걷는 동물 특히, 소고기와 돼지고기를 지칭한다. 동물성 식품은 암을 쉽게 유발시키고 악화시키기 때문에 환자는 적어도 반년은 절대 먹지 말 것을 주문한다. 동물성 식품으로 대체되는 것은 흰 살 생선과 달걀이다.

칼륨과 항산화물질 그리고 다양한 효소가 포함된 채소와 과일은 매일 듬뿍 먹어주는 것이 좋다. 채소와 과일을 그대로 짜서 주스로 먹는 것은 암 식사요법의 핵심이다. "채소주스를 듬뿍 마시는 것은 항암제 효과와 맞먹"을 정도다. 많은 양의 날것 채소와 과일을 먹기가 곤란할 때는 압축식 주서기를 사용하는 것이 좋다. 양과 질에 주의하면 우유와 유제품은 건강식이니 굳이 피할 이유는 없다. 특히 요구르트는 장 속 좋은 균을 증가시켜 면역력을 높인다는 점에서 매일 적당량을 먹어야 한다.

책에서도 밝히고 있지만 암 식사요법은 현대 의료기관에서 도입

하고 있는 '영양 서포트 팀'이 제안하는 식사 지도법과 상충한다. 항암치료를 할 경우 병원의 암센터 교육 상담실에서는 환자와 가족들을 대상으로 치료에 대한 이해를 돕고자 교육을 실시한다. 항암치료를 할 경우 우선 걱정스러운 것은 환자의 체력 저하다. 이를 막기 위해 영양이 풍부한 음식을 골고루 먹을 것이 권장되는데 여기에 소고기와 돼지고기는 당연히 포함된다. 현미와 통밀빵은 소화가 잘 안 된다는 점에서 환자에게 부담이 될 수 있다고 지적한다. 염분을 줄이는 식사는 전혀 해당사항이 아니다.

저자의 말에 의하면 이것은 "암을 치료하는 관점에서 보면 완전히 거꾸로 된 발상"이며 증상을 악화시킬 수 있다. 책을 신뢰하는 독자라면 당연히 저자의 말을 따를 것이다. 그런데 문제는 현재 치료를 받고 있는 상황이라면 병원에서 '영양'이라는 명목으로 내세우는 동물성 고기를 먹어야 할지 말아야 할지 판단하기가 쉽지 않다. 저자와 치료를 받고 있는 병원 의사 중 누구의 말을 따를 것인가.

배달된 책이 집에서 잠을 자고 있은 지 벌써 서너 달이 지나버렸다. 아픈 사람에게 시간이 되면 연락을 달라고 해놓고는 전화가 걸려오지 않는다는 핑계로 책을 건네는 일을 차일피일 미루고 말았다. 나는 그이와의 만남을 의도적으로 꺼린 것인지도 모른다. 나쁜 기억과 다시 대면하고 싶지 않다는 일종의 방어기제가 작동한 것이리라. 제 경험의 한계를 넘어서지 못하는 어리석은 사람이다.

책에 따르면 말기암 환자라도 세심하게 식사를 지도하고 정성 어린 치료를 한다면 60~70%는 상태가 호전된다고 한다. 그중 식사요법의 효과가 가장 잘 나타나는 경우는 유방암이나 전립선암이다. 그이에게 이 책을 적극 추천하고 싶은 이유다.

저자는 "의사가 고치는 의료"가 아니라 "환자가 주체가 되는 의료, 환자의 면역력과 대사를 중시하는 의료"를 지향한다. 현대의학을 식사요법과 면역력에 연결시켜 그는 놀랄 만한 성과를 얻어낸다. 우리나라는 여전히 의사가 환자의 병을 고친다는 생각이 지배적이다. 저자처럼 암 치료를 시도하는 의사를 만나기도 쉽지 않다. 우리나라에 그런 의사가 있기는 하는 건지 그조차 알 수 없지만.

나는 우리나라 의사들이 저자의 다음과 같은 고언을 귀담아들었으면 좋겠다. "의사라면 '낫지 않는다'는 생각이나 포기하는 마음을 떨쳐버리고 환자의 기대에 부응하고 '낫는' 의료를 베풀기 위해 최선을 다해야 할 것이다."

어떤 독자는 이 책을 "값비싼 상품을 권하지도 않아 양심적"이라고 평했다. 이 책의 미덕을 가장 잘 표현한 말이 아닐까 싶다. 책은 분명 의지할 데 없는 절망에 빠진 사람들에게 희망을 준다. 선택과 판단은 오로지 독자의 몫인 것이다.

아이와 '살러 가는' 여행

 어떤 이는 서재를 결혼시킨다고 하지만 나는 서재의 책을 분가시켰다. 집에 있던 책이 상수역 근처 '카페 느림'으로 '살러 간' 것은 작년 가을이다. 고등학교 동창이자 대학 후배인 친구가 카페를 차리면서 인수한 가게의 장식장을 그대로 책꽂이로 살리고 싶다며 책을 빌려달라는 부탁을 했다. 남편을 보내고 집안의 책을 어떻게든 내보낼 궁리를 하고 있던 때라 흔쾌히 "그러마." 했다.

 남편이라면 카페 분위기에 어울릴 법한 책을 선별해서 적극적으로 내보냈겠지만, 나는 책을 들었다 놨다 하며 저울질했다. 막상 책을 내보내려니 섭섭하고 책을 고르기도 어려웠다. 눈 딱 감고 책꽂이 하나를 통째로 비운다거나 겹으로 꽂힌 책 중 안쪽의 책을 들어내면 간단하게 해결될 일이었지만 그러질 못했다. 얼추 800권 정도의 책이 추려졌다. 자리만 차지할 장식용 책도 꽤 있었다.

그렇게 분가한 책은 우선 독서깨나 하는 카페 주인장의 손을 탔다. 우리 집 서가에서는 언제 '부름'을 받을지 알 수 없는, 존재감 없는 책들이 서울에서는 폼이 났다. 자리가 사람을 만든다더니 책도 사람과 다르지 않은 모양이다. 나는 우리 집에 어떤 책이 어디에 꽂혀 있는지 잘 모른다. 주인의 애정 어린 손길을 받을 때는 책에도 생기가 돌았지만 주인을 잃고는 그마저도 사라졌다.

어떤 이는 책 제목만 봐도 읽은 거나 마찬가지라 하고, 어떤 이는 가지고 있되 읽지 않은 책은 없는 거나 마찬가지라 한다. 읽고 안 읽고를 떠나 나는 남편의 책을 보관하는 사람에 가깝다. 남편은 집에 오는 손님들이 "이 많은 책을 다 읽었어요?"라고 물어오면, "집의 살림도구라고 전부 써 보시나요?"라고 반문했다. 어떤 주인을 만나느냐에 따라 책의 용도는 다양하다.

어쨌든 『바람이 우리를 데려다주겠지』(오소희 지음)도 그렇게 분가한 책 중 하나다. 카페 주인장이 책에 저자 사인을 받은 사연을 전하면서 "여행기 치고 참 괜찮다"는 독후 소감을 달았다. 사람을 낳으면 서울로 보내고, 말은 제주도로 보내라는 속담이 언뜻 스쳤다. 여기에 책도 서울로 보내라는 말을 덧붙여야 하나. 서울에 가야 책의 진가를 알아보는 '위인'을 만나니 말이다.

이 책은 여행기이자 육아에세이라고 봐도 무방해 보인다. 여행기라는 형식에 저자의 아이 키우는 방식과 육아관이 잘 버무려져 있다. 언뜻 보면 여행과 육아는 전혀 어울리지 않는 상반되는 개념으로 보인다. 여행이 답답한 현실에서 '훌쩍' 떠나는 것을 연상시킨다면 육아는 일상에서 아이와 씨름하는 일에 가깝기 때문이다.

전업주부 아줌마가 꿈꾸는 여행이란 잠깐이나마 결혼 전에 누리던 자유를 만끽하고 싶은 갈망이 아닐까. 그러니 아줌마의 여행은 집안일과 육아에서 벗어나 '훌쩍' 떠나는 것에 가깝다. 현실과 이상과의 괴리, 관계에서 오는 갈등과 존재론적인 고민 등이 여행을 떠나도록 부추기는 측면이 있다고 해도 말이다. 여행을 통해 더러는 답을 얻기도 하고, 더러는 더욱 미궁에 빠지기도 할 터이다. 그런데 '훌쩍' 떠나는 여행이 아니라 세 돌이 지난 아이와 해외로 배낭여행을 가는 상황이라면? 이것은 여행을 '떠나는' 것이 아니라 '살러 간다'는 표현이 더 적절치 않을까. 여행을 '살러 가는' 사람, 그가 바로 이 책의 저자 오소희다.

여행작가 오소희는 책날개에서 '사람' 여행을 한다고 밝힌다. 여행의 목적이 여행지의 유적과 풍광을 둘러보는 것이 아니라 여행지의 "지역민과 대화를 통해 그들의 삶 속에 잠겼다 나오는 것"이다. 곧 사람살이를 여행한다는 뜻이다. 이것은 그에게 어린아이를 대동하는 여행이 그리 유별난 것이 못 된다는 뜻이기도 하다. 육아야말로 사람살이를 여행하는 결정판이 아니던가. 집 떠나면 고생이라는데 거기에 어린아이까지 데리고 떠났으니 '살러 가는' 여행은 더욱 고달플 수밖에 없으리라.

저자에게 여행은 엄마의 떠나고 싶은 욕구와 양육이라는 두 마리 토끼를 잡을 수 있도록 돕는다. 저자의 남다른 육아관 "따로 할 수 없다면 함께 즐겨라!"는 여행을 통해 가장 잘 구현된다. 그런데 보통 아줌마라면 귀찮아서라도 포기하고 말 여행을 그는 왜 굳이 떠나는 것일까. "어느 밤인가 멀리 떠나라 다 잊어라 무시무시하게 종용하던 장마 끝의 비바람……. 얼마나 바랐느냐고? 꼭 그만큼 바랐다. 그 모든 것들이 혼란스럽게 뒤섞여 나를 터키로 밀어낼 만큼"이라고 고백한다. '바람 소리'를 듣고 어떤 이는 음악가가 되고, 어떤 이는 시인이 된다. 그리고 어떤 이는 여행가가 되기도 하는 모양이다.

아이를 키울 때 엄마 손이 가장 많이 가는 것은 먹이고 재우고 놀아주는 일이다. 사실 이것은 아이의 일상이자 생활의 전부라고 해도 과언이 아니다. 엄마의 하루 일정은 아이의 사정에 따라 변경되기도 하고 없던 일로 되기도 한다. 여행지라고 다르지 않다. 터키 여행 첫날, 터키 대중교통 트램에서 아이가 잠이 들자 엄마는 일정을 접고 대낮부터 호텔 투숙객이 된다. 이스탄불의 유적지에서는 아이가 화장실 타령을 하는 바람에 유적지의 화장실만 순례하고 돌아온다. 안탈랴의 어느 공원 놀이터에서는 아이가 놀이에 빠져 일어설 기미를 보이지 않아 '놀이터 죽순이'로 시간을 때운다.

아이를 키울 때 엄마가 가장 공을 들이는 부분은 아이를 먹이는 일이 아닐까 싶다. 워낙에 식욕이 없는 자녀를 둔 부모라면 저자의 다음과 같은 말에 십분 공감하리라. "식욕이 없다는 것도 일종의 장애와 마찬가지여서 주위 사람의 끝없는 인내와 보살핌을 필요로 한다." 그런 아이였으니 여행지에서는 어떠했을까? "나가서 또 먹기 싫다는 녀석을 붙들고 한 시간 내내 밥을 먹이고 나면 오늘 하루가 끝날 판이다."

그렇다고 아이가 엄마의 여행을 방해만 한 것은 아니다. 엄마의 수고와 인내를 요구하는 여행이지만 아이 역시 한 사람의 여행자로서 몫을 거뜬히 해낸다. 여행 중 아이는 엄마에게 "죽은 잘 맞는데 몸이 좀 안 따라주는, 그런 친구와 함께 다니는 기분"이 들게 하는 존재다. 뜻이 안 맞아 얼굴 붉히는 어른보다 차라리 아이와의 여행이 낫다는 것이다. 엄마가 여행 의욕을 상실할 때 아이는 엄마의 든든한 버팀목이 돼주기도 한다.

"고맙구나. 언제나처럼 너는, 덜 익은 나의 생이 성급히 가라앉을 때마다 작고 보드라운 손을 내밀어 하늘 위 별처럼 반짝이게 해주는구나." 또한 아이는 엄마가 미처 보지 못한 삶의 한 자락을 일깨운다. "생생하게 현재를 좇는 아이의 눈은 죽은 자의 흔적을 따라가느라 치열하게 피어나는 생의 에너지를 발견하지 못하는 나의 어리석음을 깨우쳐주는 것이다." 그러니 엄마는 "이 꼬마 녀석과의 여행, 정말 할 만"하다고 추켜세운다. "아무래도 내가 아이를 데려온 게 아니라, 아이가 날 이곳에 데려온 것만" 같다고 한다.

'어린이는 어른의 스승'이라는 말을 상기하지 않더라도 어린아이의 순진무구와 우주적 사유는 어른의 감성과 이성으로는 따라잡기 어려운 부분이 있다. 우주적인 상상과 감성이 어린이에게 내재된 공통 자산이라고 해도 그것의 발현 여부는 부모의 양육태도와 가치관에 따라 좌우된다.

우리 사회는 물질적인 풍요가 마치 삶에서 가장 중요한 가치인 양 어릴 때부터 생존과 경쟁을 위한 조기교육을 못 시켜 안달이다. 때문에 아이다움의 성정은 싹을 틔우기도 전에 고사되고 만다. 문제는 아이 스스로 터득할 수 있는 기회를 주지 않고 속성으로 결과물을 뽑아내려는 부모의 욕심에 있다. "부모가 쑤셔 넣기에 어쩔 수 없이 토해내는 것을 이해라고 할 수 있을까?" '이해'란 경험을 통해 몸과 마음이 자연스럽게 '체화'될 때에만 가능하다는 것이 저자의 생각이다. 사물을 이해하고 받아들인다는 것은 사교육을 통해서 얻어질 문제가 아니라는 얘기다.

저자는 부모가 어린 자녀의 교육을 위해 해줄 수 있는 것은 지금이 아니면 영원히 갖기 힘든 것을 잘 자리 잡을 수 있도록 도와주는 일이라 여긴다. 그것은 기능과 지식을 주입하는 것이 아니라 "어떤 식으로든 아이의 영혼과 관계를 맺"는 일이다. 아이가 해낼 수 없는 것을 요구하는 것은 부모의 무지이자 욕심이지만, 아이가 해낼 수 있는 것을 기다리지 못하는 것은 부모의 무능력이라고 못을 박기도 한다.

저자의 육아방식 중 영어 조기교육과 걷기에 대한 생각은 단연 돋보인다. 저자는 어린 자녀에게 한국어와 영어를 모국어로 자연스럽게 받아들이게 한다. 그것은 남보다 좋은 대학과 직장을 다니게 하려는 의도에서가 아니라 "아이가 모쪼록 더 많은 세상의 즐길 거리를 찾아내 신명나게 놀면서, '남과 함께' 하는 기쁨을 알게 되기 바라"는 마음에서다. 삶의 지평을 넓히는 수단으로 영어를 모국어로 받아들이기를 바란다.

아이가 걸음마를 시작할 즈음이 되면 엄마들은 가슴을 졸이는 일들이 많아진다. 아이가 걷다가 넘어져 다치는 일이 다반사이기 때문이다. 그런 경우 엄마들은 아이를 걸리기보다는 유모차에 태우는 것을 선호한다. 저자는 걸음마를 시작하는 아이를 스스로 걷도록 유도한다. 아이를 걷게 하는 것은 엄마와 아이 모두가 '인내할 기회'를 얻는 것이다. 걷기는 "걸으며 마주치는 모든 사물과 생명체들로부터 사람살이에 필요한 마음 씀씀이를 배울" 기회가 된다. 걷기 '예찬자'인 저자가 낯선 이국땅을 여행하면서도 지키는 원칙이 있다면 택시는 사절이며, 대중교통 이용과 걷기이다. 아이와 동행한 여행이라고 예외는 없다.

이 책은 저자의 건강한 육아철학이 서민의 생활정서와 어울려 울림이 크다. 독자의 공감을 얻는 데 성공한다. 여행지의 식당, 화장실, 놀이터에서의 저자의 모습은 기실 한국에서 아이 키우는 아줌마의 자화상이다. 고상 떨지 않은 아줌마의 '쪼잔함'이 묻어나는 에피소드는 독자를 자주 파안대소케 한다. 아이가 있어 여행기는 풍성하고 더욱 빛을 발한다.

여행은 좋다. 사서 고생하는 일이라고 해도 그렇다. 저자에게 "여행은 내가 있던 자리를 떠나 내가 있던 자리를 보는 일"이다. 등잔 밑이 어두운 법이다. 여행을 한다고 해서 반드시 '등잔 밑'을 볼 수 있다는 보장은 없다. 하지만 "아귀 맞지 않은 벽돌"처럼 제 삶이 뒤뚱거릴 때 여행을 떠나보는 것은 좋을 것이다. 떠나고 싶어도 떠날 수 없는 사정이 있다면 차선책으로 여행기를 읽어보는 것은 어떨까. 여행기는 '그림의 떡'이지만 돈 안 들이고 발품 안 팔면서 '그림'과 '떡'을 얻을 수 있다.

할머니들은 열공중

친정어머니는 일흔 가까워서야 한국어를 깨치셨다. 그 전에는 당신의 이름 석 자 정도는 쓰실 줄 알아도 그 외의 글자는 잘 모르셨다. 어머니는 15년 넘게 몸이 불편한 아버지를 돌보면서도 농사일을 손에서 놓지 않으실 정도로 바지런하고 억척스러운 데가 있으신 분이다. 고된 농사일과 병간호에 비하면 한국어를 익히는 것은 식은 죽 먹기였을 것이고, 자식을 여섯이나 키우면서 어깨 넘어 글자를 깨칠 만도 했건만 일흔 가깝게 까막눈으로 사셨다.

어머니는 배우면 배운 만큼 써먹어야 한다는 지극히 실용적인 교육관을 가졌다. 자식을 교육시킬 줄은 알아도 자식 뒷바라지를 하시는 동안 글을 배울 생각을 차마 못하신 것은 그 까닭이 아니었을까 싶다. 어디에 써먹자고 촌구석 아낙이 글자를 배운단 말인가.

그러니 육남매 중 막내딸인 내가 선두주자로 대학을 졸업했으면서도 변변찮은 직업을 가져보지도 못하고 사귀던 남자와 결혼을 하겠노라고 '선언'했을 때 어머니의 입에서 한숨처럼 터져 나온 말이 "배워도 아무 짝에 소용없구나"인 것은 약과였다. 대학까지 나왔으면 좀 써먹고 시집을 갈 일이지, 애 낳고 들어앉아 살림하려고 돈 들여가며, 골치 썩어가며, 그 많은 공부를 했느냐고 은근 '구박'을 하셨다.

시골 없는 살림에 자식 여섯 중 넷은 대학을 나왔으니 어머니의 자식 농사, 성공했다면 성공한 셈이다. 대학 졸업장을 얻은 것이 자식 교육의 성공으로 친다면 말이다. 어머니가 사시는 시골에는 사각모를 쓴 자식들의 졸업사진이 여전히 좁은 안방 윗목 벽을 꽉 채운다. 그것은 한때 어머니의 어깨에 힘을 실어주기도 했겠지만, 이제는 추억을 자극하는, 말 그대로 빛바랜 사진에 지나지 않는다.

어머니가 글자에 관심을 보인 것은 딸아이가 초등학교에 들어간 이후의 일이다. 종종 친척의 경조사가 자식들이 사는 도시 근처에 있으면 며칠 묵어가시곤 했는데 그때마다 글을 알아야겠다고 글자를 물어왔다. 어머니는 당신이 글을 알기만 하면 마을 부녀회장을 한번 해보고 싶다고 했다. 남들 앞에 나서는 것을 좋아하는 양반이 아니어서 처음에는 그 말을 듣고 조금 놀랐다. 하지만 사람은 누구나 타인으로부터 인정받고 싶은 욕구가 있는 게 아니던가. 그것이 잘 발현된다면 삶이란 그런대로 활력이 넘치고 의미 있는 것이 되기도 한다.

막내딸이라고 애교가 있는 것도 아니고 집에 좋아하시는 TV가 있는 것도 아니어서 그야말로 무료할 수밖에 없는 묵어가는 며칠간 어머니는 배움에 투자하셨다. 글쟁이 사위가 볼 때는 글 배우는 내색을 않다가 사위가 자리를 뜨면 막내딸에게 이것저것을 캐물으며 적극적으로 파고들었다. "엄마, 왜 사위 있을 때는 안 읽고 없을 때만 읽으시우?" 막내딸이 농을 치면, 사위한테 글 모르는 것이 남세스럽다나 뭐라나.

목소리 톤을 바꾸지 않고 평음으로 내리닫는 어머니의 글 읽는 소리를 듣고 있으면, 여장부처럼 무서울 것 없이 농사일에 매달리는 시골 아낙네의 이미지는 간데없고 막 세상을 알아가는 어리고 여린 계집애의 모습이 겹쳤다. 나이를 탓하지 않고 열성적으로 배우려는 사람에게서는 어린아이의 유순함이 내면에서 자연스럽게 분출되는 모양이다.

어머니는 이중모음이나 받침 있는 글자에서 고전을 면치 못했다. 어머니의 혀끝에서 이중모음이나 받침 글자가 실종되는 바람에 자주 혀짤배기소리가 났고, 부족하고 서툰 대로 어머니의 글 읽는 소리는 그 자체가 신선한 개그에 가까웠다. 그럴 때면 당신도 민망하신지 "쌔(혀)가 굳어서 이제는 글도 못 배우겠다"며 엄살을 떠셨다.

딸아이의 초등학교 1학년 국어교과서로 어머니에게 읽기와 쓰기를 가르친 것은 그런대로 소득이 있었다. 생판 처음 배우는 외국어라면 통문장으로 가르치는 것이 효과적일지 모르지만, 어머니의 경우는 문자언어를 습득하는 과정이어서 글자의 개별 원리를 설명해 드리니 이해가 빠르셨다. 어중간하게 알고 있던 글자에 초성, 중성, 종성의 원리를 설명하면서 『상록수』의 채영신처럼 읽기를 반복시켰더니 금방 표 나게 글을 깨치셨다.

뒤이어 글자 크기를 키운 우리나라 전래동화를 읽으시고는, "아, 『호랑이와 곶감』이 그래서 호랑이와 곶감이구먼" 하신다. 머쓱해 하실까봐 나는 어머니의 혼잣말을 못 들은 척했다. 어머니는 『호랑이와 곶감』을 기껍게 오독하시고 납득하셨으리라.

어머니는 동네 분들의 이름을 호명하는 것으로 쓰기 공부를 시작하셨다. 어머니는 이름에 적합한 글자를 머릿속에서 짜맞추느라 무던히 애를 쓰셨다. "봉산, 안송, 점암, 풍산, 호곡"은 아줌마들의 택호요, "광식, 동옥, 문식, 상철, 이식"은 아저씨들의 이름이다. 어머니의 쓰기 공책에서 발견되는 마을 아줌마들의 이름이 자식 이름을 앞세우지 않고, 태어나 자란 친정 지명으로 불리는 것이 나의 눈과 입을 즐겁게 한다.

이름으로 불리지 못하고 택호로 불리는 것을 여성의 낮은 자존감으로 몰아붙이는 것은 온당치 못하다는 생각이다. 사람을 지명으로 부르는 것은 인간의 원초적인 그리움, 태곳적 고향에 대한 향수를 자극한다. 사람을 지명으로 부르는 것은 사람에게서 지명의 속성을 환기시키는 탓에 나로서는 그 사람이 더없이 정겹게 느껴진다. 그것은 못난 촌부의 대명사가 아니라 지고지순의 거룩한 자연을 기리는 이름이 아니고 무엇이랴.

어머니가 글자를 한 자 한 자 적을 때마다 들이는 정성은 보통 이만저만한 게 아니다. 돌에 글자를 새기듯 글을 쓰신다. 조각이라도 하듯 힘이 들어간 어머니의 명조체 글씨는 흔들림이 많다. 어린 아이들이 모국어를 배울 때 쓰는 지렁이 기어가는 듯한 글씨와는 느낌이 사뭇 다르다. 글자를 손아귀 힘으로만 쓰는 것은 아닐 것이다. 어머니가 글자를 적어놓은 공책은 늘그막에 글자를 배우는 자의 회한과 의혹 그리고 안도감이 뒤섞인 한 폭의 그림 같다고나 할까. 어머니는 마을 분들의 이름 다음으로 시골 살림살이에 자주 오르는 물품 이름을 쓰셨다. 마을회관에서 공동으로 사용하는 물품 목록도 열심히 쓰셨다. 처음에는 멸치가 '맨치'가 되고, 참기름이 '첨기름'으로 낱말들이 수난을 겪었지만 시일이 지나자 제 모양새를 갖췄다. 쌀, 된장, 미원, 설탕, 소주, 고추장, 막걸리 등등.

까막눈 할머니들이 늦게나마 글을 배우려고 고군분투 중이다. 교육열이 높은 나라라고 해서 문맹인이 없다는 의미는 아닐 것이다. 여전히 이 땅에는 까막눈 할머니들이 많다. 최근의 영화〈할머니는 일학년〉에 등장하는 동이 할머니, 『비밀 시험지』(안점옥 글·최정인 그림)의 표제작 「비밀 시험지」의 동수 할머니, 『섬마을 스캔들』(김연진 글·양정아 그림)의 가겟방 할머니, 감나무집 할머니, 낚싯배 할머니, 백살공주 할머니 등 그들은 글자를 알지 못한다. 할머니들이 인생 후반까지 글을 배우지 못한 데에는 나름의 사연이 있을 터이다. 이 땅의 일흔을 넘긴 할머니들은 시대를 불행하게 타고났기도 했거니와, 개인사 역시 고단하기는 마찬가지였다.

「비밀 시험지」에 나오는 동수 할머니의 말을 빌면 이렇다. "태어나자마자 일본놈 시절에, 고생 끝났는가 싶으니까 전쟁에, 그 다음엔 자석들 입에 밥 넣어 줘야제, 갈쳐야제, 글씨 들다보고 있을 한가할 틈이 있간디." 그러니까 인생 후반이 되어서야 할머니들은 글을 들여다볼 여유를 가지게 되었던 것이다.

글자를 배울 여유가 생겼다고 해서 문맹의 할머니들이 모두 글을 깨치고자 하지는 않는다. 배움의 기회를 얻었다 하더라도 배움을 추동하는 어떤 계기가 있어야 한다. 〈할머니는 일학년〉의 동이 할머니는 교통사고로 죽은 아들이 살아서 보내온 편지를 읽어볼 욕심으로 초등학교에 입학해 한국어를 배운다. 「비밀 시험지」의 동수 할머니는 글을 모른 까닭에 선한 사람을 의심한 부끄러운 경험이 있다. "근디 뭣이 지랄이냐면 말이다, 은행 같은 델 가서 내가 뭘 못하니께 남들한테 부탁을 한디, 사람 마음이 요상한 거라 친절하게 도와준 사람을 자꾸 의심을 하게 되야야. 돈냥이라도 좀 찾은 날은 괜히 뒤에서 따라오는 것도 같고, 그럴 때마다 얼마나 미안하고 그런 맴이 창피스러운지."

염치가 글을 배우는 계기로 작용했지만 글을 터득한 이후 동수 할머니는 할아버지가 잠든 공원묘지를 혼자 버스를 타고 다녀올 수도 있었다. 글을 안다는 것이 대단한 위세는 아니더라도 살면서 겪을 불편함을 덜어주고, 존재감을 드높이고, 더 너른 세상으로 나아가는 발판을 마련해주는 것은 분명한 사실이다.

『섬마을 스캔들』의 온도섬 할머니들은 까막눈일 뿐만 아니라 다리가 불편하여 모두 유모차를 끌고 다닌다. 할머니들의 애로사항을 알게 된 이곳 초등학교 선생님은 체육시간에 할머니들을 초청하여 수영을 가르친다. 섬에서 살지만 수영을 할 줄 모르던 할머니들은 수영을 배운 덕에 모두 기고 나는 '늙은 인어'가 되었다.

이 '늙은 인어'들이 폐교 직전의 초등학교를 구하는 용사가 된다. 유모차를 끄는 할머니 부대가 교육청으로 쳐들어가 소동을 벌여 결국 폐교를 없었던 일로 되돌려놓은 것이다. 학생 수가 적다는 것이 폐교의 이유라면 일자무식인 할머니 당신들이 글을 배우기 위해 초등학생이 되겠다는 것이다. 복지부동의 공무원을 상대로 싸움을 벌이고 뜻을 이룰 정도이니, 신입생이 된

"고목나무에 핀 새싹"의 앞날은 기대해도 좋을 듯하다.

친정어머니는 글을 익힌 다음 해에 마을의 총무가 되셨다. 마을 살림에 필요한 경비를 담당하고 물건을 사들이고 장부에 기록하는 일을 맡은 것이다. 물건 품목은 대충 적으셨는데 물건 값을 계산하는 게 서툴러 전화로 셋째 딸을 여러 번 '괴롭혔다'는 것은 나중에 들은 얘기다. 어머니는 글을 배워 마을 총무라는 감투를 쓰셨으니 글 배운 보람은 있었다.

요즘 어머니는 고추 따랴, 논둑 풀 베랴, 농약 치랴 바쁘시다. 고단하셔서 밤이 짧을 만도 하건만 밤이 길다고 타박을 하신다. 나이가 들수록 잠이 없어진다고 하더니 그것이 헛말은 아닌가 보다. 두어 번 불면의 고통을 토로하시기에 "아, 그 시간에 책을 읽으세요. 책!"하고 극약 처방을 했더니 돌아오는 말이, 그 야밤에 글자를 들여다보니 눈이 침침해서 아무것도 안 보여 그만뒀다는 것이다. 우리 어머니가 말로만 듣던 '주경야독'을 실행하실 줄이야! 그러나 어머니가 노리던 부녀회장 자리는 물 건너 간 것 같다. 어머니의 글 실력은 마을 총무 때의 그 수준에서 더 나아질 기미를 보이지 않는다. 공부라는 것은 꾸준한 맛이 있어야 하는데 어머니에게는 그게 부족하다. 그리고 이제는 부녀회장 자리도 그리 뜻을 두지 않으신 것 같다.

엄마 하면
생각나는 것들

엄마. 불러도 좋고 들어도 좋은 말이다. 사는 일이 고달플 때 제일 먼저 생각나는 말이다. 언제 들어도 마음을 포근하게 감싸주는 말이다. 내게 '엄마'라는 낱말은 우선 '청개구리'를 연상시킨다. 엄마 말 안 듣기로 소문난 그 청개구리 말이다. 청개구리 이야기는 어릴 때도 그랬지만 엄마가 돼서도 되새겨보면 슬프고 가슴 아프다. 청개구리가 말을 안 들어 엄마가 병이 나서 결국 죽게 된다는 이야기는 유년기의 내게 내 잘못으로 까딱하면 엄마가 죽을 수도 있다는 심리적인 불안감을 안겼다.

청개구리 이야기는 자식에게 평생 지울 수 없는 짐을 안긴다는 점에서 마음을 불편하게 한다. 허나 어머니 몸을 빌려 태어난 자식치고 청개구리 아닌 자식이 있던가. 자식이 제 태반을 거스르며 자라는 것이야말로 자연스러운 일이 아니던가. 또한 청개구리 같은 자식이 나중에 효도한다는 말을 상기한다면 청개구리 자식을 둔 것이 그리 속 끓일 일만은 아니다. 교훈성이 강조되는 동화라고 해도 어린 아이가 겪을 심적인 불안은 그것 자체가 가혹한 형벌이 아닐 수 없다.

예나 지금이나 아이들은 일 나간 엄마를 기다린다. 엄마라는 존재가 '기다림'이라는 말을 연상시키는 것은 그 때문이리라. 엄마를 기다리다가 해를 꼴딱 넘기고 캄캄한 밤을 맞는 것은 예사다. 옛 동화『해와 달이 된 오누이』의 어린 오누이가 그렇고,『엄마 마중』(이태준 지음)의 꼬마 아이가 그렇다. 아버지의 생사는 거론된 바 없이 생계를 혼자서 책임져야 하는 엄마는 집에 아이들을 남겨둔 채 일을 나가고, 아이들은 그런 엄마가 돌아오기를 하염없이 기다린다. 엄마를 그리는 마음은 해와 달이라는 천지창조의 신화를 만들고 문학적인 상상력의 발원지가 된다.

엄마가 부재하더라도 자식은 엄마를 기다리는 일을 그만두지 못한다. 엄마가 강림하기를 간절히 소망한다.『오세암』(정채봉 지음)의 어린 길손이가 그러하지 않던가. 엄마를 기다리는 길손이의 간절한 마음은 결국 성불을 이룬다. 현실적인 엄마와 이상적인 엄마가 구분되지 아니하는 시기의 아이들에게 엄마를 기다리는 일은 목숨줄과 다를 바 없는 행위인 것이다.

『엄마 마중』의 꼬마 아이처럼 코흘리개 시절의 나 역시 엄마를 기다리는 아이였다. 들로 일 나간 엄마를 기다리기도 했지만, 엄마가 읍내 장터로 버스를 타고 떠나면 언제 돌아올지도 모르는 엄마를 고갯마루에서 기다리곤 했다. 엄마가 시야에서 사라지면 불안감이 물밀듯 밀려오고 엄마에게 변고가 생기는 잔혹한 상상을 하곤 했다. 어느 누구에게도 털어놓지 못한 채 어린 나조차도 이해할 수 없는 엄마에 대한 불길한 예감은 오랫동안 나를 두려움의 도가니로 내몰았다. 눈이 빠지게 기다려도 엄마는 돌아오지 않고 기다리는 일도 슬슬 지겨워지면 버스정류장에서 점차 집 근처로 자리를 옮겨왔다. 기다린 보람도 없이 엄마는 날 보자마자 대뜸 쓸데없는 짓을 한다고 타박을 줬지만, 그래도 엄마를 기다리는 일을 그만두지 못했다.

엄마는 어머니에 비해 가볍고 친근감이 느껴지는 단어다. 엄마는 어린 아이들이나 부르는 말이라고, 다 큰 녀석이 '엄마'가 뭐냐고 핀잔을 주는 어른을 보기도 했지만 지금은 어른이고 아이고 간에 공히 엄마라는 호칭을 즐긴다. 엄마보다 어머니라는 말이 내 입에 달라붙기 시작한 것은 고등학교 때다.

국어교과서에 실린 신석정의 시 「그 먼 나라를 알으십니까」에 등장하는 "어머니"가 나는 마냥 좋았다. 세상일에 초탈한 자연인으로서, 만물의 자궁으로서 어머니는 없는 듯 존재하는 이다. 자식이 부르면 언제라도 달려올 것 같은 투명한 존재다. 시적 화자의 '어머니'는 독자에게 그리움의 상념을 불러들이는 한

편, 이상과 낭만의 여인상을 떠올리게 한다. 무릇 어머니는 만인의 연인이라는 점에서 그 사고가 불경스럽지는 않다.

그 시절의 나는 이상향의 '어머니'를 사모하고 "그 먼 나라"의 입국 허가증이 나오기를 간절히 바랐으나 뜻을 이루지 못했다. 목가적인 분위기에 낭만적인 세계를 상기시키는 '어머니'는 역으로 근원을 알 수 없는 슬픔을 자아내기도 한다. 애틋함과 이국적인 정취에 취해 그 시절 '어머니'가 그리워서 향수병에 시달리기도 했다. 그것은 뿌리를 둔 자가 제 근원을 돌아보면서 느끼는 슬픔의 그림자이기도 하다. '어머니'라는 단어가 불러오는 우수와 정감 어린 세계에서 달콤한 비애에 젖을 수 있었다.

결혼하여 두 아이의 엄마가 되면서 나는 관념상의 어머니보다 현실의 어머니의 삶에 눈을 돌리는 일이 많아졌다. 일제강점기에 태어나 전쟁을 겪고 자식을 먹이고 가르치는 일에 한평생을 쏟은 이 땅의 어머니들은 이제 백발이 성성한 노인이 되어 길을 잃거나 고인이 되었다.

신경숙의 『엄마를 부탁해』와 강상중의 『어머니』에 나오는 '어머니'가 바로 그들이다. 엄마를 기다리던 자식들이 성장하여 어머니를 잃은 세대가 된 것이다. 어머니를 잃고서야 어머니의 존재를 새삼 깨닫게 된 자식들은 어머니 살아생전 다하지 못한 애틋한 마음을 모아 사모곡을 부르기 시작하였으니, 어릴 적 청개구리가 이제야 철이 들었다고 해야 할지.

신경숙의 '어머니'는 동일시와 내면화를 통해 독자의 눈시울을 붉게 물들인다. 강상중의 '어머니'는 재일조선인으로 살아야 했던 고초는 말할 것도 없고 '기도하는 어머니'로서의 강인함과 의연함이 돋보인다. 어머니의 여성성이 부각되든 남성성이 부각되든, 희생과 인고 그 자체로서 어머니는 심순덕의 시 「엄마는 그래도 되는 줄 알았습니다」의 '엄마'가 웅변적으로 대변한다. 자식에게 엄마란 "하루종일 밭에서 죽어라 힘들게 일해도" "찬 밥 한 덩이로 대충 부뚜막에 앉아 점심을 때워도" "배부르다 생각 없다 식구들 다 먹이고 굶어도" 되는 그런 존재다. 가족은 어머니의 희생이 당연한 것처럼 받아들였고, 어머니 또한 이의를 제기하지 않은 시대였다.

어머니를 잃은 세대가 이제는 어머니 자리를 계승해야 하는 처지가 되었다. 어머니를 잃고 어머니로 살면서 요즘 엄마들은 예전의 어머니가 보여주던 희생과 헌신의 덕목에 반기를 든다. 한 세대 전의 어머니처럼 자식을 위해서만 살지 않겠다는 생각이 강한 세대다. 그들은 공동체보다 개인주의적인 이념의 세례를 받고 자란 덕에 어머니 세대의 가족관을 거부한다. 그렇다고 이렇다 할 어머니상을 정립한 것도 아니다.

아이들 역시 한 세대 전처럼 있는 그대로의 엄마의 모습을 수용하지 않는다. 가정 내 엄마와 자식과의 갈등이 잦을 수밖에 없다. 자식이 제 입맛에 맞는 엄마를 요구하는 시대다. 단편동화집 『좋은 엄마 학원』(김녹두 글·김용연 그림)의 표제작 「좋은 엄마 학원」은 아이들이 학원에 가는 것처럼, 엄마 역시 학원을 다녀서 좋은 엄마가 되어야 한다는 생각이 깔려 있다. 엄마가 '좋은 엄마 학원'에 다닌다고 자식이 원하는 엄마가 돼줄 지는 미지수이지만, 자격증이 난무하는 시대에 '좋은 엄마 자격증' 하나 정도는 엄마들도 가지고 있어야 한다고 아이들은 생각하고 있는 것은 아닐까.

『엄마의 마흔 번째 생일』(최나미 글·정문주 그림)은 엄마가 마흔 번째 생일을 맞아 치매에 걸린 할머니를 두고 일을 나감으로써 집안에 감도는 긴장과 갈등을 그린 작품이다. 엄마의 '자아 찾기' 선언에 누구보다 아빠가 반대를 하고 나서지만, 엄마는 마흔이라는 나이가 지금껏 자기를 잊고 살아온 삶과는 다른 방식의 삶을 시작할 수 있는 마지막 기회라는 점을 내세워 전공을 살려 화실을 나가고 학교 방과 후 미술교사를 자원한다.

가족들을 챙기고 치매에 걸린 할머니를 돌볼 때와는 달리 엄마의 얼굴에는 생기가 돌지만, 가족들은 엄마가 집을 비우자 여러 가지가 불편하다. 자연 가족의 불평과 불만의 소리는 높아진다. 고모와 아빠가 번갈아가며 할머니를 간병하지만 환자의 집안엔 바람 잘 날 없다. 마흔 살의 엄마가 집안에 환자를 두고도 '반란'을 도모하는 것은 할머니를 반면교사로 삼아 그 전철을 밟지 않겠다는 의지의 표현이다. "이 다음에 어머니처럼 마음의 병으로 지난 일들을 원망하며 살고 싶지" 않다는 것. 엄마가 관계의 삶을 줄이고 엄마 자신의 삶을 찾아 나서는 것은 기존 어머니 생활방식을 부정하고 새로운 어머니상을 정립하려는 시도로 읽힌다. 엄마의 '진짜' 마흔 번째 생일에 할머니가 돌아가시는 것을 보면 어느 모로 보나 할머니의 죽음은 한 세대 전의 어머니의 삶에 종지부를 찍는 일이며, 엄마에게는 재생의 의미를 가져다주는 상징적인 사건이 된다.

엄마는 변화를 추구하나 가족들은 엄마의 변화를 달가워하지 않는다. 아빠는 엄마의 행동에 대해 어떤 이해와 배려도 보이지 않은 채 별거에 들어가는 수순을 밟는다. 때문에 엄마는 할머니가 돌아가신 후에도 집으로 돌아오지 못한다. 아이들 역시 엄마의 든든한 후원자는 돼주지 못한다. "우리들 일을 나 몰라라 하고 자기 일만 챙기는 엄마는 진짜 싫다. 더 싫은 건, 엄마가 다른 엄마들처럼 평범하게 못 지내는 거다." 자식은 마흔 전의, 가정에 충실하던 엄마를 바라지만, 엄마는 이미 그 세계를 졸업했으니 이를 어쩌나.

엄마와 어머니에 관한 상념을 떠올릴 때 거기에 시어머니가 포함되는 경우는 거의 없다. 따라서 엄마가 할머니에게 미래의 자기 모습을 투영하여 '원망'을 방패 삼아 자아 찾기를 시도하지만 거기에는 엄연히 한계가 있을 수밖에 없는 것이다. 할머니를 향한 엄마의 눈물과 연민에 진정성이 덜 와 닿는 것은 그 때문이리라. 아빠가 엄마에게 그토록 분개한 것은 할머니가 엄마에게는 시어머니이지만, 아빠에게는 피붙이라는 사실에서 비롯된 것도 부정할 수 없다.

한 세대 전의 못 입고 못 먹으면서 가족에게 헌신하던 어머니의 이미지는 퇴장했다. 지금의 아이들은 엄마라는 속성을 그 같은 단어로 더 이상 떠올리지 않을 것이다. 그것은 잘 먹고 잘 사는 사회가 되었다는 것이 아니라 시대와 사회가 요구하는 엄마상이 달라졌다는 뜻이다. 지금 아이들은 엄마를 어떤 단어와 함께 떠올릴까. 엄마라는 아우라가 풍기는 정서적이고 정적인 요소보다 생활과 밀착된 '학원' '성적' '대학' '돈' 같은 지극히 건조하고 물화된 언어가 엄마의 자리를 대신하는 일이 없길 바란다.

시대가 변하여 엄마라는 단어가 더 이상 '따뜻한 밥'과 '기다림'을 상기시키지 않더라도 엄마는 자식에게 무한한 신뢰와 애정을 보내는 존재라는 것을 기억하면 좋겠다. 엄마의 뱃속에서 그리고 유아기 때 자장가처럼 항용 듣던 "언제까지나 너를 사랑해"(『언제까지나 너를 사랑해』, 로버트 먼치 글·안토니 루이스 그림)라는 엄마의 속삭임이 자식의 일생에 마법 같은 주문이 되리라 믿고 싶다.

사별의 고통과
슬픔

무릇 떠나는 모든 것들은 사람을 우수에 젖게 한다. 가을이 깊어 갈수록 바람에 떠도는 나뭇잎조차 사람을 감성적으로 만든다. 가을이라는 계절은 속성상 떠나버린 이들을 생각나게 한다. 그런데 떠나지 않으려고 생에 대한 집착을 불태우던 이가 먼저 생각나는 것은 무슨 연유일까.

영원한 생을 얻고자 했지만 불로초를 구하지 못해 지하궁전을 단장한 진시황의 전설은 개똥밭에 굴러도 이승이 좋다는 말을 떠올리게 한다. 아무리 지체 높은 황제라도 죽음까지는 어찌 해볼 도리가 없는 것. 이는 살면서 어떤 부침을 받을지라도 삶을 대신할 그 무엇은 아무것도 없다는 깨달음을 준다. 같은 죽음 단장이라도 인도 무굴 제국의 황제 샤 자한이 건축한 타지마할은 묘한 슬픔을 자아낸다. 왕비의 죽음을 애도하는 왕의 고즈넉한 마음이 읽히기 때문이다. 죽은 왕비를 잊지 못하고 다소 병적이고 기이한 방법으로 애정을 과시하는 왕은 오스카 와일드의 『공주의 생일』에도 등장한다.

『공주의 생일』은 아름다움 이면에 잠재한 인간의 잔혹성을 다룬다. 탐미주의자라는 호칭을 얻은 작가의 작품답게 공주의 세계는 더할 나위 없이 아름답고 매혹적이지만 그 이면에는 인간의 비열함과 잔혹함 그리고 죽음 등이 도사리고 있다. 작품은 자기중심적인 동심의 세계는 때로 잔인하고 무모하며 그로 인해 타인을 죽음으로 몰고 갈 수 있음을 보여준다.

물론 꼬마 난쟁이가 흉물스럽기 짝이 없는 제 모습을 깨닫고 자각하는 것이야말로 심장이 터지는 결과이지만 동심의 잔인한 속성이 그의 죽음에 일조한 것 또한 부인할 수 없다. '거울'의 단계를 거치지 못한 꼬마 난쟁이에게 미추의 개념은 존재하지 않는다. 그러나 '거울'을 통한 자기 확인이 자기 환멸로 이어지면서 결국 그는 죽음을 맞게 된다. 더욱이 그림책은 공주의 생기발랄한 모습과 대조적으로 창백한 왕비의 주검과 죽은 왕비에 대한 비정상적인 왕의 행동을 보여줌으로써 삶의 무상과 허망을 안긴다.

백성들로부터 나라를 말아먹는다는 소리를 들을 정도로 왕의 왕비에 대한 애정은 절대적이고 지극했지만, 안타깝게도 그 열렬한 사랑은 너무나 짧게 파국을 맞고 만다. 공주를 낳은 지 여섯 달 만에 왕비가 세상을 뜨자 왕은 왕비를 땅에 묻지 못하고, 시신을 방부 처리한 뒤 흑백 대리석으로 지은 궁전 성당의 관대 위에 눕혀놓고 한 달에 한 번씩 찾아가서 마치 왕비가 살아 있기라도 하듯 사랑의 의식을 치른다.

왕은 무릎을 꿇고 "나의 왕비여! 나의 왕비여!"라고 외치거나, 가끔은 "극심한 고통에 사로잡혀 보석이 주렁주렁한 왕비의 창백한 손을 그러쥐고는 마치 깨우기라도 하려는 듯 차갑게 화장한 얼굴에 미친 듯 키스를 퍼"붓는다.

사랑하는 사람과의 사별은 신분고하를 막론하고 극한 고통과 슬픔을 불러오며 왕 또한 속수무책 잔인한 세월을 인내하는 수밖에 없는 노릇이다. 대리석처럼 창백한 죽음 앞에서 남은 자는 낙막하고 참담할 뿐이다.

처음 들어보는 어떤 노랫말이나 시가 유달리 익숙하게 느껴지는 경우가 있다. 생판 처음 보는 사람인데도 오래전부터 알고 지내기나 한 것처럼 친숙한 느낌이 들 때가 있는 것처럼 말이다. 내게는 하인리히 하이네의 「꿈속에서 난 울었어요」가 그랬다.

언제 어떤 경로를 통해 이 시를 접하게 되었는지 기억은 없지만 시를 처음 접한 순간 섬뜩했다. 전율이 느껴질 정도였다. 독자의 감성을 건드리는 '눈물' 코드의 시가 섬뜩하다는 것은 어쩐지 모순처럼 들리지만 감정이입을 통해 독자는 불길한 미래를 암시받는다는 점에서 '예언시'처럼 받아들일 수도 있기 때문이다. 최루성이 강한 이 시의 전문은 다음과 같다.

"꿈속에서 난 울었어요/ 무덤에 누워 있는 당신 꿈을 꾸었거든요/ 잠을 깨고 나서도 눈물은/ 뺨 위를 흐르고 있었지요// 꿈속에서 난 울었어요/ 날 떠나는 당신 꿈을 꾸었거든요/ 잠을 깨고 나서도 아픈 마음에/ 오랫동안 흐느껴 울었지요// 꿈속에서 난 울었어요/ 여전히 내게 다정한 당신 꿈을 꾸었거든요/ 잠을 깨고 나서도 눈물은/ 자꾸만 솟구칩니다".

여전히 쓸쓸하고 적막함이 느껴지는 시다. 시적화자의 꿈속 일이라 '당신'이 어떤 상황에 처해 있는지 알 길 없지만, 시의 정황상 '당신'은 이미 세상을 떠난 사람이거나 임종에 가까운 사람이 아닐까 하는 추측 정도는 가능케 한다. 꿈에라도 "무덤에 누워 있는 당신"과 맞닥뜨린다는 것은 얼마나 두려운 일인가.

현실이든 다가올 일이든 꿈에서의 '당신'과의 사별은 시적화자에게 상상을 통해 '당신'과의 사별에 대한 추체험을 끊임없이 야기할 것이며, 그것은 현실보다 더 현실적인 사건이 돼 시적화자의 영혼을 불안에 떨게 할 것이다. "무덤에 누워 있는 당신"과 "날 떠나는 당신"을 매개하는 "여전히 내게 다정한 당신"은 떠난 이의 남은 자에 대한 애틋한 그리움 같아서 처연하다. 그러니 남아 있는 자의 회한과 그리움은 깊어질 수밖에 없다.

『옛사람들의 눈물』(전송열 지음)은 "조선의 만시挽詩 이야기"다. '만시'란 죽은 이를 애도하기 위해 지은 한시의 일종이다. 조선시대 사람들은 만시와 더불어 비문, 제문, 행장을 통해 애도의 마음을 드러낸다. 옛사람이라고 함께 살던 사람을 먼저 떠나보내는 마음이 오늘의 우리와 별반 다르기야 했을까. 시대가 바뀌고 이념이 달라지고 사람이 살아가는 방식이 변하기는 해도 불가항력적인 죽음 앞에서 사람이 할 수 있는 일이란 거의 없으니 말이다. 첨단 과학의 발달에도 불구하고 인간은 여전히 자연 앞에서 무기력하고 유한한 존재다. 살다가 언젠가 맞게 될 죽음에서 비껴날 자는 아무도 없는 것이다. 공도公道라는 죽음에 차이가 있다면 먼저 가고 나중에 가는 것 정도. 그러니 달관한 경지에서 보자면 살고 죽는 일에 그리 연연해할 것은 못 된다고 할 것이다. 하지만 시간상 후발 주자에게 남겨진 것은 그러한 달관의 경지가 아니라 떠나버린 이를 향한 폭풍우처럼 휘몰아치는 가장 낮은 차원의 감각적 통증 같은, 눈물과 통곡이 아닐까.

죽은 자가 작가와 어떤 관계를 맺느냐에 따라 만시의 종류는 달라진다. 여기에는 자식을 앞세운 부모의 고통을 노래하는 곡자시哭子詩가 있는가 하면, 제 분신과 같은 친구를 잃은 슬픔을 표현하는 도붕시悼朋詩, 평생의 반려자인 아내의 죽음을 애달파 하는 남편의 도망시悼亡詩가 있다. 이밖에도 스승이나 제자, 집의 종이나 형제의 죽음을 슬퍼하는 만시가 있다. 만시에는 옛사람이 죽음에서 경험하게 되는 처절한 고통과 별리를 어떻게 받아들이고 감내하는지가 잘 반영돼 있다.

특히 곡자시의 자식을 잃은 부모의 고통과 슬픔은 독자의 가슴을 먹먹하게 한다. "바라보아도 너의 얼굴 볼 수 없고/ 두드려보아도 너의 목소리 듣지 못해/ 죽은 자는 길이길이 끝나버린 것이지만/ 산 자는 이 정을 어찌하란 말이냐!" 영조 때 좌의정을 지낸 조태억이 열한 살의 아들을 잃고 쓴 시이다. 영조 때 중인 출신의 여항시인 김상채가 일곱 살의 아들을 잃고 기일에 적은 시 또한 독자의 마음을 심란하게 하기는 마찬가지다. "거리엔 보이는 것마다 슬픔뿐/ 해가 바뀌면 혹 잊혀질까 했더니/ 생각이 날 때면 오장이 뒤집어지고/ 지독한 아픔은 마음속에 맺혔어라/ 지치고 병들어 술잔조차 들 수 없고/ 쓸쓸한 꽃은 부질없이 절로 향기라/ 아! 너는 이제 끝이 나버렸지만/ 어찌 나를 날마다 이토록 아프게 하느냐"

조선은 유교를 건국이념으로 내세운 나라다. 그래서인지 조선 사대부의 문집에는 저자와 여성과의 정분을 노래한 시는 거의 눈에 띄지 않는다고 한다. 남녀유별의 덕목을 장려하는 사회라서 남녀 간의 정분을 드러내는 것은 '천한 짓'이라는 통념이 강했다. 이런 사정에도 불구하고 남녀 간의 정을 마음 놓고 풀어내는 통로가 있었으니, 그것은 도망시다. '도망'이란 '잃어버린 자를 애도한다'는 뜻으로, 중국 진나라 때의 반악이 아내를 잃고

시 세 수를 짓고서 '도망시'라고 일컬었는데 이후 아내의 죽음을 슬퍼한 시를 도망시라고 부르게 되었다.

인구에 회자되는 역대 최고의 도망시는 27세에 세상을 뜬 아내를 위해 지은 당나라 때 원진의 「슬픈 마음을 부쳐 보내며遣悲懷」이다. "귀한 집안의 어리고 가장 사랑스런 딸이/ 가난한 이에게 시집와 온갖 일 다 어그러지고 말았다네 (중략) 이전에 장난삼아 죽은 뒤의 일 얘기했더니/ 오늘 이 아침에는 다 눈앞에 닥친 일이 되고 말았구려 (중략) 오직 두 눈 뜬 채 이 긴 밤 지새며/ 평생을 고생한 당신에 보답하려네".

조선시대 도망시 중에서 압권으로 꼽히는 것은 추사의 「유배지에서 아내가 죽었다는 말을 듣고 만시를 짓다配所輓妻喪」이다. 추사는 제주도로 유배 간 처지라 아내의 임종을 지키지 못한 데다가 아내가 죽고 난 한 달 후에야 부음 소식을 듣는다. 아내를 잃은 참담한 심정을 그린 시다. "뉘라서 월모에게 하소연하여/ 서로가 내세에 바꿔 태어나/ 천 리에 나 죽고 그대 살아서/ 이 마음 이 설움 알게 했으면"

김홍도의 스승이던 강희맹 역시 평생 가난에 시달리다 전염병으로 죽은 아내를 위해 도망시를 짓는다. "당신 모습 한 번 멀어지자 추억마저 아득하고/ 삼십 년 세월도 한바탕 꿈인 듯만 하구려/ 오늘 이 아픈 마음은 끝도 없을 것만 같은데/ 무슨 수로 저승의 당신이 알게 할 수 있을까"(「죽은 아내를 슬퍼하여 시 여덟 수를 짓다悼亡八絶」).

도망시는 상실의 슬픔, 죽은 아내에 대한 사무친 그리움, 애절한 사랑을 노래한 시다. 그런데 두 사람의 도망시가 유독 눈에 띈 것은 상실감을 넘어선 죽은 자에 대한 원망의 마음이 엿보이기 때문이다. 죽은 자에 대한 연민에 앞서 제 고통을 먼저 살피는 남편의 이기적인 사고가 엿보인다고 하면 지나친 억측일까. 상실의 고통을 역지사지의 마음으로 표현한 것이라고 하더라도 아무렴, 산 자가 죽은 자보다 더 고통스럽고 연민스러울까.

『옛사람들의 눈물』에는 남편을 위한 아내의 만시는 등장하지 않는다. 이는 조선시대 사대부 가문의 남편이 아내보다 수명이 길었다는 증거이기도 하겠으나 그보다는 글이란 것이 남성 전유물이어서 여성은 상실감을 표현할 수단을 아예 갖지 못한 것으로 봐야 할 것이다. 동서고금을 막론하고 떠난 자들은 언제나 삶의 허망함과 애상감을 남긴다. 옛사람들의 사람을 떠나보내는 마음은 본질적으로 오늘을 사는 우리의 그것과 다르지 않다는 것을 확인시킨다.

아무래도 현대판 '만시'는 김소월의 「초혼」이 아닐까 싶다. "산산히 부서진 이름이여!/ 허공중에 헤어진 이름이여!/ 불러도 주인없는 이름이여!/ (중략) 선 채로 이 자리에 돌이 되어도/ 부르다가 내가 죽을 이름이여!"

빵과 바나나와 감자

고등학교 세계사 수업은 정말 재미가 없었다. 세계사 선생님은 교과서를 읽는 것으로 수업시간 대부분을 때웠다. 교사가 사람을 끄는 인간적인 매력이라도 있었더라면 수업이 덜 지겨웠겠지. 하지만 그도 못 됐다. 학생들 사이에는 어느 입시학원에서 선생님이 세계사 강의를 듣는다는 소문이 파다했다. 소문에 준하여 교사의 세계사 지식은 형편없었다. 고등학교 때의 나의 세계사 지식은 그토록 빈약하여 맥없이 주저앉아버렸다.

아이들을 키우면서 세계사와 지리는 결코 내 '전공' 분야가 아니었다. 역사와 지리에 능통한 남편의 몫이었다. 그는 백지에 지도를 그리거나 지구본을 돌려가며 설명하는 것을 좋아했다. 목마르지 않았으니 달리 내가 우물을 팔 이유는 없었다.

그런데 6학년인 큰아이가 위도와 경도의 차이를 물어온다. 이렇게 막막할 수가! 말로만 듣던 5대양 6대주를 실핏줄 무성한 세계전도 위에 표시하게 하고, 각 나라의 문화적인 특징을 곁들이면서 지도상의 각국을 찾아보게 하는 과정을 거쳐야 하리. 먹지를 대고 세계전도를 따라 그리게 하면서 베낀 세계지도 위에 대륙과 해양 그리고 각 나라의 위치를 찾아 적게 했다. 아이가 은근 재밌어 한다. 목적지까지의 길은 멀었지만 흥미유발만으로 성공이지 싶다. 지구본을 돌리며 그럴싸하게 위도와 경도를 설명했는데 잘못 가르치지는 않은 모양이다. 아이는〈독도는 우리땅〉의 노랫말에 나오는 "동경 백삼십이 북위 삼십칠"에 위치한 독도를 짚어낸다. 필요에 의해 세계 지식에 조금씩 개안되던 차에 나는 『식탁 위의 세계사』(이영숙 지음)를 만난다.

『식탁 위의 세계사』는 우리의 식탁에서 흔히 마주칠 수 있는 조미료, 향신료, 곡물, 과일, 육식 고기와 관련된 세계사적인 사건을 짚어주는 흥미로운 책이다. 엄마가 자녀를 식탁에 앉혀놓고 음식을 먹여가며 세계사를 들려주니 정말 세계사 공부할 맛 나겠다. 책의 주된 특징이라면 일상에서 자주 듣게 되는 단어와 명칭의 유래를 따져서 독자의 이해를 돕고 역사적인 사건을 비주류의 시각에서 풀어낸 점이라 할 것이다.

최근〈한겨레〉의 '말글살이' 칼럼에는 '화성돈'이라는 말이 등장한다. 수원화성의 '공심돈' 일종이라고 생각하기 쉬울 '화성돈'은 "조선이 외교 사절로서 외국에 머물러 있는(駐箚) 미국 워싱턴(華盛頓)"이란다. 칼럼은 '화성돈'이 '워싱턴'의 음역이라고 설명한다. 이 칼럼의 필자는 까까머리 중학생일 때 '출애굽기'를 '-굽기'로 생뚱맞게 받아들인 적이 있는 모양이다. '출애굽기'는 '애굽'이 이집트의 음역이라는 설명이 뒤따라야 비로소 이해가 가능한 단어다. '출애급기'는 나중에 '출애굽기'로 굳어진다. 이처럼 외국어의 음과 의의를 차용하는 외래어 중에는 언중에게 오해와 상상의 여지를 남길 공산이 큰데 책은 단어의 뜻과 명칭 유래에 친절한 편이다.

'출애굽기'를 '-굽기'라는 형태소의 결합으로 이해하는 것처럼, 단어의 뜻을 기존의 지식에 기대 엉뚱하게 받아들이는 경우가 있다. 출애굽기와 관련되는 유대인의 명절 중의 하나인 '유월절'과 그날 먹는 '무교병'도 그러한 예에 속한다. 우리나라의 절기나 명절에는 구체적인 달과 날이 뒤따른다는 점에서 '유월절逾越節'은 '유월절六月節'로 받아들이기 쉽다. '逾越節'로 이해하기까지는 아무래도 부연 설명이 따라야 하지 않을까.

'유월절'은 구약성서의 유대인이 이집트의 종살이에서 벗어나게 되는 기록 '이집트 탈출기'에서 생겨난 말이다. 하나님이 이집트 전역에 맏아들이 죽게 될 거라는 재앙을 내리고 유대인의 집 문기둥에는 어린 양의 피를 발라 놓음으로써 죽음의 천사를 그냥 지나치게 하는 바, 이때의 '지나치다'라는 말에서 '유월절'이라는 말은 생겨난다.

집집마다 장자들이 죽어나가니 이집트인의 보복이 시작될 것은 불을 보듯 뻔한 일이다. 이집트 병사들에게 쫓기느라 빵 반죽을 발효시킬 시간이 없었던 유대인은 밀가루를 발효시키지 않은 채 급하게 빵을 만들어 먹는데, 이름하여 '무교병'이다. '무교병無酵餠'의 '교酵'는 '효소酵素'의 '효酵'와 같은 한자로 독음이 다를 뿐이다. '병'이라는 것은 찹쌀가루, 밀가루, 수수가루 등을 익반죽하여 둥글고 넓게 번철에 지진 떡인 '전병煎餠'의 '병餠'이다. 그런데 나는 이런 누룩을 넣지 않은 빵이라는 무교병에서 '무교巫教'와 '무병巫病'이라는 단어 사이를 오르내리며 의미의 시소타기를 즐기곤 했다.

'빵'과 '떡'은 어떤 차이가 있을까. 주재료와 요리방법의 차이가 이 둘을 가르지는 않을 것이다. 빵은 포르투갈어로 한국의 떡과 같다고나 할까. 하여 무교병은 떡이기도 하고 빵이기도 하다. 빵은 "빵이 없으면 케이크를 먹어라"의 주인공 마리 앙투아네트를 생각나게 한다. 그녀는 프랑스어로 '초승달'이라는 뜻의 크루아상이라는 빵과도 관련된 인물이다. 크루아상은 오스트리아가 1636년 터키의 침공을 막아내고 승전을 축하하는 의미에서 이슬람교의 상징인 초승달 모양의 빵을 만들어 먹은 데서 유래했으며 오스트리아 출신인 그녀가 프랑스로 시집을 오면서 크루아상이 프랑스에 전해지게 되었다는 것이다.

마리 앙투아네트는 '사치의 대명사'로 불리기도 한다. 최근 그녀의 실내화가 7,200만 원에 경매되었다는 기사를 보았다. 비싸게 경매된 실내화가 마치 그녀의 호화생활을 증명이라도 하는 것처럼 보도됐지만, 사실 그것은 실내화 구매자의 사치가 아닐까. 철딱서니 없는 왕비라는 이미지를 굳힌 빵 발언도 실은 그녀가 처음 한 말이 아니라는 설이 있다. 그녀가 왕비가 되기 전 철학자 루소가 이미 그 말을 풍자적으로 인용했다는 기록이 있다고 한다. 당시 프랑스 사회에 팽배한 반反오스트리아 정서가 그녀를 부정적인 인물로 몰아간 측면도 있었던 모양이다.

김기정의 『바나나가 뭐예유?』(김기정 글·남은미 그림)는 바나나로 상징되는 신문물에 대한 사람들의 호기심과 행동양식을 엿보게 하는 동화다. 호랑이 담배 피우는 시절과 맞먹는 과거에, 첩첩산중 지오마을에 말로만 듣던 '바나나'가 사람들의 수중에 들어오게 되고 먹는 방법을 모르는 마을 사람들은 얼토당토않은 '실험'을 하여 독자를 웃음바다로 몰아넣는다. 서울에 갔던 청년을 통해 바나나는 입에서 살살 녹는 기절할 정도의 환상적인 맛으로 그려지는데, 바나나를 구경조차 하기 힘든 시절에는 그랬을 성도 싶다.

요즘은 과일 코너마다 쌓인 게 바나나이고, 바나나는 가격 대비 포만감이 가장 큰 과일이기도 하다. 또한 바나나의 맛은 예전처럼 유혹적이지 않다. 혀의 감각을 미혹되게 하는 가공식품이 넘쳐나는 세상이다. 바나나는 푸드 마일리지 food mileage가 큰 과일 중의 하나다. 푸드 마일리지가 크다는 것은 바나나의 수출국에서 우리의 식탁에 오르기까지의 거리가 길어 자연 상태의 바나나를 먹는다는 것은 거의 불가능하다는 의미이기도 하다. 무른 과일 바나나를 상품으로 유지하기 위해 얼마나 많은 독성 약품이 바나나에 뿌려질까.

바나나 공화국이라는 말도 있듯, 바나나가 재배되는 제3세계의 농장은 돌, 델몬트, 치키타 같은 다국적기업의 소유다. 바나나가 환경오염 작물로 불리는 것은 거대한 바나나 농장에 환경을 오염시키는 화학약품이 다량으로 뿌려지기 때문이다. 닷새에 한 번 꼴로 농장에 살충제와 제초제가 대량으로 살포되는 것을 시작으로, 초록색의 바나나 다발을 수확해서는 성장 억제 농약을 가미하고, 수입한 우리나라에서는 '카바이트'라는 탄화칼슘을 사용해서 인공적으로 변색을 시킨다. 그러니 소비자의 눈길을 사로잡는 누런색 바나나에는 살충제, 제초제, 윤기를 내는 왁스 같은 숨은 공신이 있었던 것이다.

다국적기업에서 일하는 노동자의 노동현실은 열악하며 다국적기업의 횡포는 자주 구설수에 오른다. 칠레 시인 파블로 네루다는 치키타의 전신인 유나이티드 푸르트사의 비인간성과 야만성을 다음과 같이 노래한 바 있다. "유나이티드 푸르트사는/ 가장 기름진 땅을 손에 넣었다./ (중략) 피에 굶주린 파리 떼 사이로/ 유나이티드 푸르트사가 상륙해,/ 그들의 배에 커피와 과일을./ 물 속에 가라앉은/ 우리 조국의 보물을/ 쓸어 담고 쟁반처럼/ 미끄러져갔다.// 그 사이 달콤한 항구의/ 심해 속으로,/ 아침안개에/ 묻혀 인디오들이 떨어져내렸다./ 몸뚱이 하나가 굴러 떨어진다. 한낱 이름 없는/ 물건, 나둥그러진 하나의 번호,/ 쓰레기더미에 내동댕이쳐진/ 썩은 과일 한 송이."(「유나이티드 프루트사」)

내가 태어나 자란 고장에서는 고구마를 '감자'라고 부른다. 정확히는 '감제'다. 고구마가 우리나라에 처음 들어올 때의 이름이 '감저甘藷'였다고 하니 감제라고 불러도 그리 틀린 말은 아닌 듯싶다. 대신 감자는 '북감제'라고 부른다. 북감제, 감자는 세계 여러 나라에서 즐겨 먹는 작물 중 하나다. 감자는 요리하기도 단순하고 맛도 깔끔하다. 그 때문인지 감자를 싫어하거나 먹지 못한다는 사람을 아직 보지 못했다.

감자가 처음부터 이런 '후한 대접'을 받은 것은 아니다. 아메리카의 적도 부근에서 재배되는 감자가 16세기 무렵 탐험가들에 의해 유럽에 처음 전해졌을 때 감자는 그리 환영받은 작물이 아니었다. 감자를 먹으면 나병에 걸린다는 말이 공공연하게 떠돌았다. 땅속에서 자라는 데다 모양까지 울퉁불퉁하고, 싹이 난 감자는 솔라닌이라는 독소가 있어서 탈을 일으키기도 하여 '악마의 과일'이라는 오명을 쓰기도 했다.

『어머니의 감자 밭』(애니타 로벨 글·그림)은 전쟁과 대척되는 지점에 '어머니의 감자밭'을 상정하여 평화와 생명의 소중함을 다룬 반전 그림책이다. 또한 감자 역사의 단면을 보여주는 그림책이기도 하다. 감자가 구황작물이라는 점, 전쟁 포로의 식량으로 사용된 점, '아일랜드 감자 대기근'이라는 역사적인 사건을 부분적으로 환기시킨다는 점에서 그렇다. 그림책의 '감자'는 '어머니'라는 모성과 등가의 의미를 지니고 전쟁과 폐허의 땅에서도 강한 생명력을 과시한다.

　먹거리가 놓인 식탁에 엄마의 조곤조곤한 세계사 이야기가 곁들여지면 금상첨화가 아닐 수 없다. 허나 나는 밥상머리에서 아이들과 세계사를 논하는 것은 가급적 피하고 싶다. 피비린내와 농약이 얼룩진 음식 이야기를 식탁에서 꺼내면 아무래도 음식 맛을 잃을 것 같다. 바나나를 볼 때마다 네루다의 시 한 구절을 떠올리기야 하겠지만, 그보다는 각종 독성 약품이 먼저 생각나서 한동안 바나나를 입에 대지 못할 것 같다.

　책의 뒤표지에 적힌 것처럼 이 책은 '길게 사랑받는 책'이 되리라 믿는다. 청소년을 위한 세계사 중에 이만한 재미와 지적 만족감을 주는 책은 그리 흔치 않기 때문이다. 나도 슬슬 세계사에 재미를 붙였다.『식탁 위의 세계사』후속편을 기대해본다.

3장

재회

학교 졸업이 아니더라도 살다가 맞이하는
다양한 형식의 졸업은 사람을 우수에 젖게 한다.
좋든 싫든, 이제 그곳에
두 번 다시 돌아갈 수 없는 상황을 맞이한 것이다.

고종석
선생님께

남편이 병상에서 이 세상에 온 흔적을 지워가고 있을 때, 저는 선생님께 남편 소식을 전해 드리는 것이 경우에 맞는 일인가를 고민했습니다. 선생님께 남편 소식을 전할 생각을 한 것은 평소 선생님에 대한 남편의 존경심을 잘 알고 있었기 때문입니다. 하지만 저에게 선생님은 일면식도 없는 분이셨습니다. 그런 선생님께 결례가 되리라는 것을 뻔히 알면서도 남편의 소식을 전해 드린 것은 저 편한 대로 그것이 아내의 도리라고 여겼기 때문입니다.

저는 선생님께 보내는 편지의 일부를 이렇게 적었습니다. "남편이 이 세상에 와서 선생님과 맺은 인연을 그냥 지나칠 수가 없어 이렇게 그의 아내인 제가 글을 올리게 됐습니다. 사람의 육신은 가뭇없이 사라져도 남편의 존재가 책을 통해서나마 남겨지기를 희망합니다." 뒤이은 내용은 남편 와병 중에 출간된 『어느 인문주의자의 과학책 읽기』를 남편을 기억하는 의미로 한 번 읽어주시길 바란다는 요지였습니다.

지금 와 생각하니 저도 참 뻔뻔스러웠습니다. 마치 책을 판매하는 영업사원처럼 굴었던 점 너그럽게 용서하시길 바랍니다. 그때 편지를 보내놓고도 마음이 많이 불편했습니다. 떠나버린 버스 뒤꽁무니를 쳐다보고 발을 동동거리는 사람처럼 후회가 밀려왔고 조바심도 났습니다. 보낸 편지를 되돌리고 싶은 마음이 간절했지요. 괜한 짓을 했다는 자책감에 시달릴 때 선생님은 그날로 답신을 주셨습니다.

"선생님께 처음 받는 메일이 이리 슬픈 소식을 담고 있어 마음이 아픕니다. 세상을 주관하시는 분께 모든 걸 맡기시고 마음의 평정을 잃지 않으셨으면 좋겠습니다. 최성일 형께는 늘 고마운 마음을 지니고 있습니다. 서로의 글을 좋아했지요." 그리고는 의사소통이야 못 하겠지만 병원으로 한번 찾아오시겠다고 하셨습니다. 간단한 답신이라도 오길 기다렸다가 병원까지 오시겠다는 선생님의 말씀에 그만 감정이 북받치고 말았습니다. 보잘것없는 미미한 사람의 바람을 저버리지 않으신 점, 뭐라 감사의 말씀을 드려야 하는지요. 선생님의 메일로 근심과 슬픔과 두려움으로 얼룩진 마음을 조금은 덜어낼 수 있었습니다.

그리고 이내 죄송스러워졌습니다. 가깝지도 않은 거리 먼 걸음 하시게 했으니 말입니다. 언제 오신다는 말씀이 없으셔서 수일 후에 오시겠거니 했는데, 선생님께서는 다음 날 바로 문병을 오셨습니다. 제가 자리를 잠깐 비운 사이였지요. 고맙습니다, 선생님. 30분 넘게 남편의 병상을 지켜주셔서. 죽어가는 사람에게 30분이라는 시간이 어떤 의미인지는 알 길 없지만, 선생님께서 함께 해주신 그 시간 동안 남편은 고마운 마음으로 제 삶의 한 자락을 잘 마무리했을 거라 생각합니다. 죽어가는 사람을 대면하는 것은 결국 자신의 죽음을 미리 보는 일이기도 하여 누구나 회피하고 싶어 한다고 들었습니다. 남편을 위해 내키지 않은 데까지 찾아와 주신 점 거듭 고맙습니다. 그리고 남편이 세상을 떴다는 소식에 그 밤으로 장례식장으로 달려와주신 점도요.

2007년 1월 어느 날, 남편은 선생님을 인터뷰하고 돌아왔지요. 집으로 돌아온 남편의 목소리에 활기가 넘쳤습니다. 다른 분을 인터뷰할 때와 달리 피곤한 기색을 찾을 수 없었습니다. "인터뷰 어땠어요?" 아내의 물음에 그는 아주 좋았다고 하면서 선생님을 "신사"라는 말로 꼭 집어 표현하더군요. 그리고는 선생님과 대단한 우의를 다지기라도 한 것처럼 비밀스러운 이야기를 털어놓듯 말을 이어갔지요. "고종석 선생님도 운동하는 것을 싫어한다네. 내가 산책을 하고 싶어도 산책할 힘이 없어 못한다고 했더니 정말 그렇다고 맞장구를 치시더라고."

남편은 운동하라는 소리를 제일 듣기 싫어했지요. 그런 사람에게 주변에서 집에만 있으면 몸이 안 좋아진다고 운동을 하라고들 조언을 했지요. 그럴 때마다 남편은 운동할 힘이 없어 못한다고 시큰둥하게 대꾸했고요. 아내조차 그 말에 귀를 기울이지 않았습니다. 멀쩡해 보이는 것과 달리 남편만이 감지하는 신체적 불편을 아무도 알아주지 않을 때 남편은 선생님을 뵙고 처음으로 제 몸의 불리한 신호에 동조해주는 '동지'를 얻은 기분이 들었던 모양입니다. 이날의 인터뷰 관련 기사는 〈한겨레〉 2007년 1월 26일자 책·지성 섹션 '한국의 글쟁이들 17'에 실리고 나중에는 "고종석―아름답기보다 정확한 한국어 구사, 그래서 아름답다"라는 제목으로 『책으로 만나는 사상가들』에 묶입니다.

　남편의 인터뷰와 원고를 계기로 저는 선생님을 조금 알게 됐습니다. 존함이야 익히 알고 있었지만 선생님은 어쩐지 범접하기 어려운, 보통 사람과는 차원이 다른 분이라는 편견이 있었습니다. 두 손으로 꼽아도 넘치는 그 많은 저서에 선생님의 이력은 저 같은 평범한 사람의 기를 죽이고도 남음이 있었지요. 기가 꺾인 마당에 선생님께서 쓰신 책에 선뜻 눈길을 주기는 쉽지 않았습니다.

　집에 책이 많다는 것은 긍정 효과 못지않게 부정적인 측면이 있습니다. 수중에 있으니 언제라도 읽을 수 있다는 생각에 독서의 기회를 자꾸 미루게 됩니다. 남편이 책꽂이 한 칸을 할애하여 선생님의 저서를 '자랑'처럼 죽 늘어놓았을 때 저는 책등의 제목을 읽는 것으로 만족했습니다.

　남편이 수술한 병원으로 검사를 받으러 다닐 무렵 저는 선생님이 번역하신 『이게 다예요』를 가방에 챙겼습니다. 남편의 병원을 동행하는 길에 전철에서 짬짬이 읽을 생각이었습니다. 물리적인 부피가 얇다는 이유로 오며가며 뚝딱 읽겠거니 하는 계산을 한 거지요.

　"뒤라스의 마지막 작품"이라는 뒤표지의 문구가 단지 저자가 남긴 마지막 작품이라는 문자적 의미가 아님을 책을 펼치고 나서야 알게 됐습니다. 얄궂게도 남편의 머리에 다시 이상 물질이 보인다는 그 시점에 죽음과 사투를 벌이며 죽음을 직시하고자 애쓰는 한 노작가의 일기를 읽겠다고 벼를 게 뭐란 말입니까.

　"존재하느라 으깨어진 것 같아"라는 말에서 저는 잠시 숨을 가다듬습니다. 결코 존재에게 합당한 표현이 못되는 '으깨어진'이라는 단어에서 임종을 눈앞에 둔 존재가 온몸으로 죽음을 살아내는 고통과 처절함이 피부에 와 닿았습니다. 뒤라스는 그 죽음으로부터 "글을 쓰겠다는 욕망"이 생긴다고 말합니다. 순간순간 찾아오는 공포의 순간들에 작가는 "무한한 피로" "텅 빈 사물들" "이중의 제로"와 같은 이름을 얹습니다.

　마지막 일기에는 존재가 정말 '으깨어져서' 죽음에게 자리를 양보하는 것이 보입니다. "난 이제 더 이상 아무것도 아니야. 난 이제 완전히 무시무시한 여자가 돼버렸어. 난 더 이상 함께 버틸 수가 없어. 빨리 오렴. 난 이제 입도 없고 얼굴도 없어." 혼미한 정신으로 사경을 헤매면서도 "이게 다예요"라는 식으로 삶을 결산하는 듯한 표현을 써가며 삶과 죽음에 대해 치열한 통찰을 내보인 노작가에게 그저 경의를 표할 뿐입니다.

〈한겨레〉 2012년 9월 24일자 '고종석 칼럼'의 제목은 "절필"입니다. 선생님께서 '절필'을 선언하는 9월 24일은 선생님의 저서 『히스토리아』에서는 3차방정식의 대수적 해법을 발견(?)한 카르다노의 출생일이며, 『발자국』에서는 스위스의 의학자 겸 화학자 파라셀수스가 태어난 날이기도 합니다. 『히스토리아』와 『발자국』은 〈한국일보〉에 연재하셨던 '오늘'의 칼럼을 묶은 책으로, 일종의 '부고 기사' 모음집이기도 합니다.

선생님은 "부고 전담 기자"로 자처하기도 하십니다. 선생님은 부고 전담 기자로서 걱정을 털어놓습니다. "'공정한' 부고 전담 기자로서 나는 고인들의 삶에 대한 내 주관적 평가를 되도록 삼가려고 애썼다. 그러나 채점자가 되고 싶다는 마음 한구석의 욕망을 그 애씀이 늘 성공적으로 잠재우지는 못한 것 같다." 어떤 이유라도 남의 부고 소식을 날마다 접하고 싶은 사람은 없겠지요. 하지만 독자들은 인물과 사건에 대한 선생님의 주관적 평가를 듣고자 부고 기사를 열심히 읽곤 했겠지요.

〈한겨레〉 2012년 7월 2일자 선생님의 칼럼 제목은 "최성일 생각"입니다. 선생님은 최성일을 뇌종양을 감기와 비슷한 무게로 말할 줄 아는 사람으로, 싱그럽고 활달하고 너그러운 사람으로 적었습니다. 4월 9일자 칼럼은 인혁당 사건의 주모자로 낙인찍혀 대법원이 확정판결을 내린 지 하루도 안 돼 차가운 시신이 돼버린 사람들의 이름을 독자 앞으로 불러냅니다. "이름을 불러보자. 삼가는 마음으로. 우리가 민주공화국 시민이라면 결코 잊지 말아야 할 이름들이다. 서도원, 도예종, 송상진, 우홍선, 하재완, 김용원, 이수병, 여정남. 지금부터 꼭 37년 전인 1975년 4월 9일 새벽, 이 여덟 사람이 형장의 이슬로 사라졌다."

이렇듯 지면을 달리하여 선생님은 종종 부고 기사를 내셨습니다. 선생님의 붓끝에서 건조한 부고 기사의 주인공은 육신과 생명을 얻습니다. 선생님의 글에서 드러난다는 "인간과 세상에 대한 안쓰러운 애정"(문학평론가 김철)이 가미된 결과이겠지요. 대중매체의 사건, 사고 소식은 사람의 죽음과 시신을 다분히 가십거리로 만듭니다. 죽은 자에 대한 존엄성을 찾기가 힘들지요. 끝나버린 인생들을 통해 저마다 그 당사자가 아니라는 사실에 값싼 위안을 갖게 하지요. 하지만 선생님의 글은 독자도 언젠가는 맞이할 죽음의 자리를 경건한 마음으로 되돌아보게 합니다. 세상에 대한 통념에서 벗어나게 하고 무감각과 도덕적 해이를 반성케 하지요.

남편의 병실에서 선생님을 처음 뵙던 날 제 편견과 달리 선생님은 너그럽고 따스한 분이셨습니다. 남편이 가질 감정과 생각들 그리고 저의 두려운 마음까지 헤아리시고 공감해주셨습니다. 누추한 곳까지 왕림해주신 것에 대한 미안함을 잊고 불안한 영혼이 살아갈 힘을 조금 얻을 수 있었습니다. 저희 가족이 힘든 시기에 선생님께서 보여주신 호의를 결코 잊지 않겠습니다.

선생님, 저는 디지털 사회에서 아날로그적인 삶을 지향하려는 편입니다. 하여 종이신문과 종이책을 선호하는 편입니다. 신문에 나온 선생님의 글을 읽고 칼럼을 스크랩하는 것이 저의 작은 기쁨이기도 합니다. 저의 소소한 즐거움을 너무 오랫동안 모른 척하지는 말아주시길 바랍니다. 이 말씀을 드리기가 어려워 이렇게 먼 길을 에둘렀습니다. 고려가요 〈가시리〉의 한 구절로 제 마음을 전합니다. "가시난닷 도셔오쇼셔 나는" 선생님의 심신이 평안하시길 바랍니다.

남이 뭐라든
제 갈 길을 간 사람

 살다 보니 별일이다. 신문기자로부터 인터뷰 요청 전화를 다 받았다. 하기 싫으면 못 한다고 무 자르듯 단박 자를 일인데 엉뚱하게도 유명인 타령을 했다. 지극히 평범한 사람이어서 기사 가치가 없다는 말을 내세워 거절 의사를 길게 끌고 간 것이 화근이었다. 유명인이라면 겸손하다는 칭송이라도 듣지, 이건 아주 모양새가 우습게 돼버렸다. 기자는 얼마나 어이가 없었을까. 기자 왈, "유명하지 않다는 것 다 알고 있습니다. 그런 사람을 모시는 자리라서 전화를 드렸습니다." 멋쩍고 민망하여 슬그머니 꼬리를 내리고 말았다.
 독서에 관한 가벼운 대화 자리라는데 도대체 무슨 이야기를 한다지. 막막함이 밀려왔다. 졸지에 면접시험을 앞둔 수험생 신세가 되고 말았다. 그때 내 무지를 조금이라도 덜어보고자 옆구리에 낀 책이 『책으로 만나는 사상가들』이다. 원래 다섯 권으로 출간된 바 있는 책은 남편이 병석에 있을 당시 한국출판마케팅연구소에서 미처 출간되지 못한 분량을 합쳐 판형을 키워 한 권의 사전 형식으로 엮었다.

『책으로 만나는 사상가들』의 시발점은 1997년 7월 〈도서신문〉 재창간에 맞춰 시작된 기획 연재물 '책으로 만나는 사상가'다. 그때 남편은 이 기획 연재물을 1주일 간격으로 리뷰를 하는 바람에 말 그대로 '허걱'거렸다고, 논장에서 펴낸 책의 '후기'에 적고 있다. 애당초 기획대로 열 두 명만 쓰고 말 생각이었으나, 반응이 괜찮아서 〈도서신문〉이 폐간되는 1998년 8월 17일까지 한 주도 거르지 않고 52회를 연재하게 되었다고 한다.

아마추어와 프로의 차이기는 하겠으나, 격주간 〈기획회의〉 마감을 지키기도 버거운 내게 남편의 그 작업은 초인적인 일처럼 여겨진다. 1주일 단위로 원고 쓸 대상을 정하고 그 사상가 관련 책을 읽고 글을 쓴다는 것이 가능은 한 일일까. "여보, 여기 거론한 책은 다 읽고 쓰신 거예요?" 남편이 건넨 원고를 읽고 불쑥 튀어나온 아내의 첫마디가 이런 적이 있었다.

나처럼 어떤 독자도 저자가 언급한 책은 다 읽었는지, 이해는 제대로 했는지가 궁금했던 모양이다. 남편은 2권 머리말에서

텍스트 끄트머리에 덧붙인 도서목록을 다 읽은 것은 아니며, 목록의 책 중에 직접 확인을 못한 경우 국립중앙도서관 데이터베이스와 온라인서점 웹사이트를 통해 얻은 서지정보에 기댄 것도 꽤 된다고 밝히고 있다.

"어쩜, 읽지도 않고 다 읽은 것처럼 이렇게 글을 잘 쓸 수가 있어요!" 남편 글의 첫 독자인 나는 남편의 남다른 글재주가 부러울 때가 있었다. 설마 하늘이 그의 글재주를 시샘하기야 했을까! 내 경우는 주제에 맞는 책을 골라 정독을 하고도 이해력과 표현력이 달려 읽지 않고 쓴 듯한 인상을 풍기는데, 책을 훑고 쓰는데도 다 읽고 이해한 것처럼 써낼 수 있는 것은 저자의 탁월한 재능이 아닐까 싶다.

남편은 이 책의 저자로서 자신의 역할을 '도서관 사서'에 빗댄다. 사서가 작성된 목록의 책을 읽거나 완벽하게 소화할 의무는 없다는 점에서 자신 역시 그렇다는 것이다. 그렇다 하더라도 저자와 사서는 엄연한 차별성을 갖는다. 남편의 이러한 글쓰기가 부도덕함에 이르지 않은 것은 이해할 수 없는 부분을 분명하게 밝히고, 텍스트 인용은 언제나 따온 표시를 하고 있다는 점이다. 글 쓰는 사람들이 남의 글을 마치 제 것인 마냥 표절하는 경우가 얼마나 비일비재한 세상인가!

책 제목의 '사상가思想家'는 어떤 사람일까. "인생이나 사회 문제 등에 대하여 깊은 사상을 가진 사람. 철학 사상 등에 조예가 깊은 사람"이라는 『동아 새국어사전』의 뜻풀이에 기대어 남편은 '사상가'를 "자기 생각이 있는 사람"이라고 소박하게 정의한다. 책에 등장하는 사상가의 이름들이 참으로 생소하다. 한 번은 들어봄직 할 터인데 내 기억은 손에서 빠져나간 모래알처럼 흔적조차 없다.

제임스 러브록, 팀 플래너리 등에게 남편은 비판의 날을 잔뜩 세운다. 자기 생각이 있는 사람, 사상가는 기본적으로 긍정적인 인물이라는 것에 암묵적인 동의가 있는 법인데 부정적인 인물을 '발탁'한 것은 사상가 등용에서 실패한 예가 아닌가 싶다. 어떤 글은 사상가 범주에 넣기가 애매한 인물도 포함돼 있다. 이는 초창기에는 정통 사상가를 우대하다가 후기로 갈수록 "날렵한 저자"도 선호하여 사상가의 범주를 저자 일반으로 확장한 결과다. 남편은 어떤 사상가의 저서에 유달리 '재밌어' '대단해'라는 추임새를 연발해 궁금해서라도 읽지 않고는 못 배기게 만들곤 했다. 따라서 아지즈 네신, 요네하라 마리, 프리모 레비, 존 쿳시, 커트 보네거트, 후지와라 신야, 벤 마이켈슨 등에게는 나 역시 약간의 친밀감을 갖고 있다.

남편은 글쓰기 직업에 회의적이기도 했다. 그의 직함인 출판평론가에 "꿀린다"는 것이다. 평론가라는 직함이 약간 버거우며 비평 방식이 상대적으로 좀 눌리는 것 같다고. 그는 문학비평 이론에서 흔히들 차용하는 여러 유형을 원용하지 않고 그것들보다 낮은 차원인 인상비평을 선호하는 사람이다. "직감에 크게 의존한다. 그렇다고 책을 판별하는 능력을 타고난 것도 아니다. 나는 책을 꾸준히 구입하면서 그런 감각을 익힌 것 같다. 처음에는 시행착오도 많았다. 어느 순간 책에 대한 분별력이 생겼다. 물론 엄정한 잣대라고 하긴 어렵다. 그래도 출판매체에서 일할 때나 지금이나 쓸모가 있다."(219쪽) 그 결과 앞뒤표지와 본문 판면을 대충 훑어봐도 책의 '상태'를 70%는 가늠할 수 있다고 한다. 남편의 독서법은 첫 장부터 진득하게 읽는 것이 아니라 "책의 앞뒤에 놓인 곁텍스트를 훑어보고 나서 본문에 진입하는" 방식이다. "소설이 아니라면, 부속텍스트에서 얻은 사전 정보는 본문의 길라잡이 구실을 하면서 책의 이해를 돕는다"는 것이다.(672쪽)

남편은 어떤 책을 읽어 마땅한 시기가 있다기보다는 그 책이 읽힐 적당한 시기가 있다고 생각한 사람이다. 독서에도 적당한 시기가 있기는 하겠지만, "어떤 책을 언제 읽어야 할지 어찌 알 수 있"느냐고 반문한다.(419쪽) 그는 오히려 독서의 시기를 "어떤 책이 유난히 착착 감겨오거나 내용이 쏙쏙 들어오는, 그 책을 읽기에 적당한 때가 있다"는 것으로 풀이한다.(538쪽) 추천도서 목록에 부정적인 입장을 표명하는데 그것은 "쓸데없이 권위를 등에 업거나 목록이 부실한 탓"이다.(391쪽)

남편에게 책은 어떤 존재였을까. 책이 좋기만 하지는 않은 모양이다. 책에 대한 생각은 중용을 따른다. "내게 책은 편하지도 불편하지 않다. 또 책은 아주 귀중하지도 매우 하찮지도 않다. 책을 향한 애정이 전혀 없는 것은 아니나, 그렇다고 책이 정말 좋다고 드러내놓고 말할 정도는 아니다. 물론 책이 고마운 건 사실이다." 읽고 쓰는 취미가 직업이 돼서 행복하기도 하지만 취미는 취미일 때가 더 좋다고 한다. "책의 숲에서 나는 행복하다"던 그는 집에 책이 쌓이기 시작하자 "책의 더미에서 나는 답답하다"라고 술회하기도 한다.(386쪽)

남편은 독서운동에도 부정적인 견해를 보인다. 1차적인 이유는 "모든 운동movement이 썩 마땅치 않아서다." 또 다른 까닭은 "꼭 그렇게 해서까지 책을 읽힐 필요가 있겠느냐는 생각에서다." 여기에 존 테일러 개토의 다음과 같은 표현을 빌려 자신의 논리를 강화한다. "책을 읽는 이들에겐 국가가 개입하기 어려운 내밀한 삶이 있다."

독서운동에 부정적인 입장임에도 불구하고 독서운동이 긍정적인 방향으로 나가려면 "독서교육에서 진정한 교육의 목적을 실현하는 방법보다는 사회전반의 인식과 분위기가 바뀌어야 학생들이 맘 편하게 책 읽는 풍토가 조성"될 것으로 내다본다.(391쪽) 그는 대학의 논술시험이 대학에서 공부할 수 있는 능력을 판단하는 기준이 될 수 있는가 여부에도 회의적이다. 논술시험이 논리시험이라면 "변별력이 거의 없을 것이고, 글쓰기 시

험이면 모든 학과가 글재주 있는 학생을 우대할 필요는 없지 않"느냐는 것이다.(450쪽)

"나는 누구를 섬기지 않고 어떤 것을 받들지도 않는다. 존경하는 인물은 없으며 특정한 이념적 지향점이나 종교 또한 없다."(477쪽) 남편의 '섬김'과 '받듦'의 발언 배경에는 스콧 니어링을 비판했다가 곤욕을 치른 일과 무관하지 않다. 그는 이 일을 계기로 심적인 고통과 인간적인 모멸을 당한다. 자처하던 '녹색평론파'도 철회한다. 그래도 하고 싶은 말은 끝내 하는 성격이다. "어느새 스콧 니어링은 우리나라의 일부 생태주의자가 떠받드는 교조적 인물이 되었나 보다."(734쪽)

그는 헬레나 노르베리 호지의 환경과 생태 문제에 대한 국내 강연에도 실망감을 감추지 않는다. 강연 내용이 상식 수준이었던 모양이다. "이 정도의 내용을 꼭 외국인 연사를 초청해 들어야 하는가".(730쪽) 그는 누구를 섬기지 않은 까닭에 다음과 같이 말할 수 있었다. "'얼치기 생태주의자'를 자처하면서 나름대로 절박한 심정으로 생태·환경 운동과 담론에 관심을 기울일 적에도 한편으로는 회의적인 생각이 들었지만, 지금은 생태·환경주의가 대안적 철학이나 정치적 대안이 될 수 없다고 생각한다."(665쪽)

남편은 눈물샘을 자극하는 책으로 바스콘셀로스의 『나의 라임오렌지나무』, 에리히 케스트너의 『하늘을 나는 교실』, 하이타니 겐지로의 『태양의 아이』를 꼽는다. 책의 어느 장면을 거론하면서 "콧등이 시큰해지지 않는 자와 상종하지 않기로 다

짐"(441쪽) 하는 '순진성'을 내보인다. 나는 "눈시울이 차가운 자"여서 그런지 몰라도 남편이 언급하는 대목에서 눈물을 흘리지 못했다. 독서 중 특정 장면의 반응 여부는 독자의 처지에 따라 달리 받아들여질 수 있는 문제다. 남편이 나와 상종하지 않겠다고 할까봐 나는 나의 무감동을 발설하지 못했다.

아툴 가완디의 '외과의 진료기' 『나는 고백한다, 현대의학을』과 올리버 색스의 '저자 병상일기' 『나는 침대에서 내 다리를 주웠다』는 남편의 병상 체험을 떠올리게 하는 책이다. 남편은 두 책의 서평을 다루면서 자신의 병상 체험을 리얼하게 묘사해 놓았다. 그의 사적인 얘기를 듣고 있기가 여전히 괴롭다.

『책으로 만나는 사상가들』을 읽은 덕에 인터뷰는 순조로웠다. 인터뷰를 끝냈으니 기분이 홀가분해야 하는데 실상은 그렇지 못했다. 잠을 설친 탓인지 머리는 지끈지끈 아파오고 가슴 한쪽은 말할 수 없이 헛헛해왔다. 그림자처럼 흔들리다가 두 아이를 재우고 한밤중 화장실 거울을 쳐다보니 낯선 여자 하나가 입술을 깨물며 흐느껴 울고 있었다. 어린 자식을 저 세상으로 떠나보낸 지인이 가버린 사람과는 몸의 일부가 되어 살아가는 거라는 말씀을 하신 적이 있다. 어쩜, 그날 내가 거울에서 본 것은 여자가 아닐지도 모르겠다.

남편은 자신을 "'모럴리스트'에 가까운 부류"(656쪽)라고 평한 바 있다. 아내가 보기에 그는, 남이 뭐라든 제 갈 길을 간, "자기 생각이 있는 사람" 사상가이기도 했다.

동심
예찬

　이탈리아 작가 조반니 모스카의 『나의 학교 나의 선생』은 1940년에 출간된 작품이다. 작가의 초등학교 교사 생활을 소재로 한 작품은 '유머 작가'다운 문체가 잘 반영돼 있다. 작가는 어른 화자 '나'를 내세워 등장인물의 행동과 심리를 엎치며 메치는 식으로 이야기를 끌어간다. 주인공 모스카 선생은 학생과 교사의 언행 이면에 숨겨진 진실을 들여다볼 줄 알며, 앞으로 일어날 사건까지 예견하는 탁월한 이야기꾼이다. 스스로를 모델로 삼은 작품에서 자신마저 희화한다는 점에서 참으로 애정이 가는 인물이기도 하다.

　작품의 시대적 배경은 1930년대 초반이다. 처음 발령받아 5학년 C반을 맡은 이후 3학년 마르티넬리를 2년 더 가르치다가 졸업시킨 것을 보면 근 4년간의 학교생활이 주를 이룬다. 작품이 쓰인 시기가 2차 대전 전후라는 점을 감안한다면, 유머러스한 문체로 쓰일 수밖에 없는 현실이 조금은 이해가 된다.

　전 세계적으로 사랑을 받는다는 이 작품에 어린이보다 어른을 위한 동화라는 수식이 더 어울리는 것은 어른의 잃어버린 시절에 대한 향수를 자극하기 때문이 아닐까 싶다. 어른 독자는 이 작품을 통해서 잠시나마 잃어버린 시절을 추억하는 기회를 얻게 되니 말이다. 아무리 빈곤한 어린 시절이라 하더라도 유년으로의 회항은 어떤 의미에서 심리적인 '고향' 찾기의 일환이리라. 작가가 무한한 애정으로 동심의 세계를 그린다는 점에서, 이 작품은 이탈리아 작가 E. 데 아미치스가 1886년에 발표한 『사랑의 학교』와 좋은 대조를 보인다.

　『사랑의 학교』는 1870년대 후반의 이탈리아를 배경으로 초등 4학년 소년 엔리꼬의 학교생활과 일상을 일기 형식을 빌려 표현한 작품이다. 전근대 사회에서 강조하는 충, 효, 우정, 우애 같은 덕목을 작품의 전면에 드러내고 있어 재미는 덜 하다. 특히 '이달의 이야기'는 극한적 상황을 설정하여 용기 있는 소년의 행동을 제시함으로써 가부장적 이념을 공고히 하는 역할을 한다. 그렇기에 '동심'과 '어린이'라는 근대적인 개념은 아직 유보적이며 '발견'되지 못한 상태다. 이와 달리 『나의 학교 나의 선생』은 속표지와 목차 사이의 간지에 "꿈을 먹고 무지개를 먹고 우리 꾸러기들은 자란다"라는 문장을 적시하여 '어린이'와 '동심'의 세계를 분명하게 표방한다.

"여러분 가운데에는 어른이 된 뒤 어린 시절 다니던 국민학교에 가 본 사람이 있습니까." 모스카 선생의 말에 손을 들 독자는 몇이나 될까. 초등학교 졸업과 동시에 대부분은 어린 시절과도 작별을 고한다. 이상하게도, 학교는 졸업하고 나면 잘 안 찾게 된다. 졸업이라는 단어가 '학교에 두 번 다시 오지 말라'는 뜻도 아닐 터인데 그렇다.

내가 다닌 초등학교는 이미 폐교가 되었다. 폐교가 된 학교라도 가끔은 들러보고 싶은 마음이 동하지만 실지로 가보진 못했다. 고향집 가는 길에 마음만 먹으면 들를 수 있는 그곳을 지나치면서 나는 게으름과 바쁨을 핑계로 삼는다. 딱히 찾아가야 하는 절박한 이유가 없기도 하지만 과거의 기억을 들추고 싶지 않다는 고집스러움이 자리한 까닭이다. 코흘리개 때는 학교가 참으로 크고 높아보였다. 단층의 교사校舍 후면에 있던 유일한 2층 건물의 교실을 오르내릴 때 얼마나 진땀을 뺐던가. 딱정벌레처럼 벽 쪽에 달라붙어 기다시피 2층 교실을 오르내린 것을 생각하면 조금 우습다. 그때는 2층 계단 난간 사이의 허공을 쳐다만 봐도 다리가 후들거렸다. 고작, 2층 정도를 하늘만큼 아득하게 느끼다니. 어린이의 상상은 실제보다 부풀려지는 경향이 있다. 그런데 모스카 선생은 무슨 연유로 '그리운 학교'를 돌아보게 되었을까.

모스카 선생이 스무 살의 나이로 준교사 발령장을 받아들고 처음 부임한 곳은 모교 단테 알리게리 초등학교다. 교장은 젊은 선생의 면전에서 앞날을 격려하기는커녕 낙제한 5학년생처럼 보인다느니, 애송이 같다느니 하는 말을 늘어놓으며 선생의 기를 꺾어 놓는다. 아닌 게 아니라 모스카 선생이 맡을 반은 "쇠사슬이 풀린 저 악마 같은 40명의 꼬마들"이 모여 있어 "지금까지 아무도 제대로 다스리지 못한" 악명 높은 학급이었던 것이다. 더욱이 '악마 소굴'은 "조직적이고 무장되어 있으며" 우두머리가 따로 있을 정도다.

"악마들의 포로가 되어 재갈이라도 물려진 게 아닌가" 하는 교장의 우려와는 달리, 모스카 선생은 교육이론에 없는 '파리 잡기' 시합으로 우두머리 그에레스키를 굴복시키고 '소굴'을 '접수'한다. 모스카 선생이 아니었더라면 5학년 C반은 "여전히 정복자가 오기를 기다리고 있을" 터이다.

초등학교 교사는 파리 잡기 따위로도 아이들의 숭배자가 될 수 있는 존재다. 그런 교사가 길거리에서 성장한 옛 제자와 마주치게 된다면 어떤 감회에 젖을까. 다분히 감상적이다. 초등학교 교사란 "서른이라는 나이에 다만 한순간일지라도 자기가 이미 늙은이라고 느낄 수 있는 것"이며, "서른이라는 나이에 겨우 한순간일지라도 자신이 아직 어린이임을 느낄 수 있는 것"이다.

학교에서는 연애가 성사되기도 한다. 처녀 선생님과 총각 선생님 사이에는 늘 수상한 기운이 감돈다. 아이들의 입을 타고 금세 소문이 돈다. 이 작품의 화자가 어린 학생이라면 교사의 연애담은 『사랑 손님과 어머니』 수준에 머물렀겠지만, 모스카 선생을 통해 발설된 연애담은 독자를 낯간지럽게 하는 구석이 있다. 다분히 희극적이다.

반 아이가 빼앗긴 금종이를 되찾아주려고 말리 선생님에게 꽃다발을 갖다 바치는 모스카 선생은 오해를 사고 만다. 처녀 선생님의 가슴에 사랑의 불을 지펴놓다니 모스카 선생 정말 "나쁩니다." "맙소사. 이 아가씨가 웃으니 어쩌면 이다지도 미운 얼굴이 될까요.… 가엾게도." 정작 모스카 선생의 마음을 빼앗은 사람은 젊은 유치부 선생님이다. "까닭은 알 수 없으나 이 아가씨를 아무래도 다른 누구에게는 맡기고 싶지 않은 기분"이 든다는 것이다. 어린 학생들의 이성에 대한 호기심은 봄날 햇살처럼 싱그럽고 투명하다. 순수하고 천진스럽다. "마술에 걸린 뜰"처럼 현실 앞에서는 금방 부서져버린다. 모스카 선생의 초등학교 시절 소녀와의 만남이 그렇고, 마르티넬리와 콜라치니 아드리아나의 교우가 그렇다.

시험 없는 학교, 상상할 수 있을까. 시험 날은 "꽃이며 귀뚜라미와 함께 즐겁게 지내던 아이들이 비로소 울어야 할 날"이다. "어른들이 아이였을 때의 앙갚음"을 하려는 듯 교사들은 아이들의 일상과 무관한 문제를 출제하여 아이들을 골탕 먹인다. 강의 길이와 수도 이름, 역사 연대기, 불규칙 동사를 어떻게 한꺼번에

머리에 집어넣을 수 있단 말인가. 밤새 외운 것들이 머리에서 빠져나가거나 혹은 입 밖으로 쏟아질까 봐 아이들은 시험 당일 입도 벙긋하지 않고 살얼음을 걷듯 학교로 향한다.

글짓기 시험에는 어떤 글감이 좋을까. 모스카 선생은 고민 중이다. "가장 즐거웠던 날"이라고 글감을 준다면? 어른이 곤경에 처한 것이 가장 즐거운 아이라면 거짓말을 쓰게 될 것이다. "봄"은 어떤가. 겨울이라 교실에 갇혀 뛰어놀 수도 없는 처지의 아이들에게 가혹한 소재다. 고민 끝에 "내 옆자리 아이"로 글감을 정한다. 하지만 이것 역시 어떤 아이가 제 짝꿍이 자기 얘기를 나쁘게 쓴다고 "돌아갈 때 네 눈을 퍼렇게 멍들게 해 줄 테다"라는 경고의 눈빛을 보내는 것을 보니 좋은 소재는 아니다. 위험한 제목이다. 받아쓰기는 어떻게 시킨담. 모스카 선생은 장문이 아니면서, 뚜렷한 뜻이 있는 글귀에, 문법적인 특성이 있는 문장을 제시하려고 고심한다.

론콘니, 마르티넬리, 첸치 선생님, 파리아니 선생님, 갈비니 선생님…. 이제는 추억이 되어버린 이름들이다. 병약한 론콘니는 언제나 외투를 입고 다녔다. 장학사의 시찰 때 불규칙 동사를 완벽하게 외워 모스카 선생님을 위기에서 구해준 아이였다. 아무도 말해주지 않은 '하늘'의 존재를 직접 알아보려고 그는 학년도 마치지 못한 채 급하게 길을 떠났던 것일까. 마르티넬리는 교실보다 들판이 더 잘 어울리는 아이였다. 언제나 모스카 선생님께 들꽃을 한 움큼씩 가져다주곤 했다. 졸업식 날 모스카 선생님과 헤어지는 것이 슬퍼서 아이는 선생님의 양복 단추를 기념으로 뜯어갔다. 단추를 볼 때마다 녀석은 선생님을 그리워하겠지.

손가락이 만능 리모컨이던 첸치 선생님, 양손에 밀감과 양초를 든 채 교실을 돌면서 지구의 자전을 가르친 파리아니 선생님, 교사 봉급으로는 가족을 먹여 살리기 힘들어 밤마다 아르바이트를 하던 갈비니 선생님, 학생에게서 빼앗은 장난감 시계의 바늘을 거꾸로 돌려 죽은 딸아이를 만나고 있을 교장 선생님. 이들은 모두 "너무나 멀리 있습니다./ 별이 아슬히 멀 듯이".(윤동주의 「별 헤는 밤」)

1930년대 한국을 대표하는 시인 정지용은 절창 「별똥」을 노래한 바 있다 "별똥 떨어진 곳,/ 마음에 두었다/ 다음날 가보려,/ 벼르다 벼르다/ 인젠 다 자랐오." 「별똥」은 『나의 학교 나의 선생』과 정서와 주제 면에서 일맥상통한다. 여전히 '별똥'을 동경하는 독자라면 이 책을 읽어보길 바란다. 그것은 독자의 마음에 아직 동심이 남아 있다는 증거일 테니 말이다.

동심은 어린이의 전유물이 아니라 인간의 보편적인 심성이어서 어른 또한 마땅히 간직해야 할 마음의 자락이다. 하지만 어른들은 동심을 돌볼 여유를 갖지 못한다. 현실이 그리 녹록치 않기 때문이다. 동심의 세계는 "눈은 아름다운 것으로 가득 차고 마음은 희망과 꿈으로 채워"지는 세계이다. 또한 동심은 봄과 같아서 "태어나는 순간부터 아름"다운 것이며, "눈 깜짝할 사이에 추억이 되어 버리고"마는 성질을 지닌다. 휘발성이 강한 동심을 지킨다는 것은 얼마나 까다롭고 어려운 일이냐. 어른의 동심은 동심의 본고장 어린이와 함께 지낼 때 퇴색하지 않는다. 그런 까닭에 모스카 선생은 학교를 방문하여 잃어버린 동심을 되찾고자 했던 것이리라. 『나의 학교 나의 선생』은 동심의 세계를 지향하고 추억한다는 점에서 '동심 예찬'이라 부를 만하다.

 사족을 달아야겠다. 『나의 학교 나의 선생』은 2004년 우리교육에서 『추억의 학교』로 재번역 출간되었다. 『나의 학교 나의 선생』은 "졸업식 날"로 결말을 맺지만 『추억의 학교』에는 이후의 세 장이 추가된다. 어느 번역자의 실수인지는 알 길 없지만, 두 책을 비교해보면 내용 전개상에 문제가 될 정도의 오역이 눈에 자주 띈다. 『추억의 학교』에는 유머 작가의 문체가 덜 느껴진다. 초등생이 그린 듯한 서툰 그림도 안 보인다. 『나의 학교 나의 선생』에 길들여져서일 수도 있겠지만, 『추억의 학교』를 읽는 것이 조금 힘들었다. 최근 번역이라고 해서 기존보다 진일보하지 않은 모양이다.

전철을 탄
엽기과학자

어린아이와 함께 대중교통을 이용할 경우 엄마들은 때로 곤혹스럽다. 아이가 주변 시선을 아랑곳하지 않고 떼를 쓰기 때문이다. 그 경우 사람들의 이목은 억지를 부리는 아이보다 아이를 다루는 엄마의 행동에 집중된다. 보는 눈들이 있어 엄마는 공손한 '해요체'를 써가며 고상을 떨어보지만, 그럴수록 아이는 고집불통이다. "녀석이 엄마를 잡겠군." 상황이 이렇다 보니 목적지 도착까지의 시간은 그야말로 엄마와 아이의 보이지 않은 힘겨루기이다. 하지만 싸움의 패자는 언제나 정해져 있는 바, "안 돼!"라는 금지 말을 자주 사용하고 말투에 짜증이 묻어난 쪽이다. 대중교통에서 엄마가 아이를 얌전히 자리에 앉혀 가는 방법은 없을까.

『이야기 기차』(사키 글·알바 마리나 리베라 그림)는 액자소설의 구조를 빌린 그림책이다. 물론 두 이야기가 완전히 분리된 것은 아니며 바깥 이야기의 인물들이 내부의 이야기에 적극적인 간섭을 한다는 점에서 정통 액자소설이라고 하기는 애매하다. 기차를 타고 가는 세 아이와 엄마 그리고 신사의 이야기가 액자의 틀에 해당한다면, 틀 안의 그림은 신사가 들려주는 "심하게 착한 아이"가 될 것이다.

 찜통 속 같은 기차 객실에서 아이들은 낯선 신사를 투명인간 취급하며 객실 안을 제멋대로 휘젓고 다닌다. 시간이 흐를수록 신사의 표정은 굳어가고 엄마는 신사의 눈치를 보게 된다. 정황상 엄마가 아이들에게 이야기를 들려줄 차례가 온 것이다. 아이들은 사건과 주인공이 다른 '착한 아이' 이야기는 이미 귀에 못이 박히도록 들어왔다. 잘못한 아이가 벌을 받게 되는 이야기들 말이다.

 본의 아니게 엄마의 이야기를 듣게 된 신사는 엄마더러 "재미난 이야기꾼"은 아닌 것 같다며, '재미'와 '교훈'을 지닌 '착한 아이' 얘기를 직접 들려주겠다고 나선다. 하지만 신사의 이야기는 "심하게" '착한 아이'다. 엄마의 '착한 아이'가 선한 일을 한 대가로 목숨을 구한 것과 달리, 신사의 '착한 아이'는 그 착함 때문에 목숨을 잃게 된다. 뜻하지 않은 반전과 주제의 의외성에 아이들은 벌어진 입을 다물지 못한다.

　실제로 엄마가 신사처럼 재능 있는 이야기꾼이라면 아이 건사하기가 조금 편할 수 있겠다. 하지만 현실세계의 엄마는 『이야기 기차』의 '엄마'처럼 '시시한 이야기꾼'이거나 '잔소리꾼'에 불과하다. 그럴 경우 엄마는 잔소리꾼을 자처하기보다 '신사'의 역할을 대신하는 그림책과 동화책을 준비하는 것이 어떨까. 아이와 대중교통을 이용할 때 책을 읽어주면 어떨까. 짧은 시간이지만 책은 말썽쟁이 아이를 온순한 아이로 만드는 재주를 부릴 줄 안다. 어떤 책으로 접근하느냐에 따라 아이들의 반응은 제각각이겠지만.

　나는 아이들을 데리고 대중교통을 이용할 때 그림책과 동화책을 챙긴다. 딸아이가 초등학교 1학년 때 온 가족이 국립중앙도서관을 가야 할 일이 생겼다. 집에서 국립중앙도서관까지의 약도도 대충 숙지하였고 교통편도 별 무리가 없어보였다. 버스를 타는 시간이 길어서인지 환승하여 전철 노약자석에 자리를 잡았을 때 작은 아이가 대뜸 물었다. "엄마, 집에 언제 갈 거야?" 네 살짜리 아이의 인내력에 한계가 왔구나 싶었다. 목적지에 도착도 못했는데 아이는 벌써 집타령을 하니 말이다.

　"책 읽어줄까?" 신통하게도 작은 아이는 엄마가 책 읽어주는 것을 좋아해서 그런 상황에서도 그런대로 약발이 먹힌다. 그런데 딸아이는 소위 '쪽팔림'이 어떤 것인지 아는 나이인지라 책을 읽겠다는 엄마를 말리고 싶은 눈치다. 눈을 흘기는 딸아이를 무시하고 나는 모른 척 『엽기과학자 프래니 1』(짐 벤튼 글·그림)을 꺼낸다. 딸아이는 '엽기과학자 프래니'를 일곱 살 무렵 만났다. 만나자마자 죽이 잘 맞는 친구 사이가 되었다. 읽는 내내 깔깔 웃어댔다. 그걸 보고 나 또한 내용이 궁금해 아들 녀석을 옆에 앉히고 읽게 되었다. 재미있는 책은 반복하여 봐도 질리지 않는다. 책 읽는 즐거움을 반감시키지 않는다. 아들 녀석의 눈동자에 생기가 돌고 집에 가자는 소리가 쏙 들어갔다. 긴 막대 과자를 손에 들렸더니 딸아이의 입도 더는 나오지 않았다.

여자가 엄마가 되면 자식에 대한 보호본능이 발동하여 무서울 것도 부끄러울 것도 없어진다고 한다. 내가 그런 전형적인 몰염치한 사람에 속하는지는 모르겠으나, 나는 공공장소에서 책을 읽을 때 타인의 시선을 별로 의식하지 않는 편이다. 들어줄 사람도 없는데 소리 내어 읽는다면 그건 좀 사정이 다른 문제이겠으나, 아이를 옆에 앉히고 책을 읽어주는 것을 공공장소 예의에 어긋난 일이라고 여기지 않는다. 옆 사람과 대화하는 것과 그리 다르지 않다고 생각한다. 책을 읽을 때의 내 목소리는 전철 객실에서 거리낌 없이 통화를 하거나 유유상종의 무리가 객실을 전세라도 낸 것처럼 떠들썩하게 지껄이는 것에 비하면 그야말로 속삭임에 지나지 않는다. 내 목소리 톤은 별로 도드라지지 않는다. 옆 사람과 앉아 대화하는 정도의 성량이다. 그러니 나는 눈치 보지 않고 소리 내어 책을 읽어준다.

공공장소에서까지 아이에게 책을 읽어주는 것을 유난스럽

게 생각하는 사람도 있겠지만 이것은 선호해서라기보다 상황이 그렇게 만든 측면이 있다. 따라서 낭독과 청독에 대해 왈가왈부할 처지는 못 된다. 하지만 나는 어느 기사의 제목처럼 "청취를 통한 독서 지향하는 교육방송"(《한겨레》, 2012.11.1)에 부정적이다.

    전 국민을 대상으로 책을 읽어주는 라디오 채널에서는 하루 11시간씩 시간대마다 다양한 책을 읽어준다고 한다. 책을 매개로 저자와 독자의 1차적인 관계가 성립된다면, 이 채널은 낭독자와 청독자라는 2차적인 관계를 파생시킨다. 낭독자와 청독자 둘다 독자에 해당되지만 낭독자는 청독자를 구속한다. 청독자는 시간과 공간의 제약을 받을 수밖에 없다. '책 읽는 라디오'의 어떤 애청자는 직장에서 라디오를 듣고 집에 돌아와서는 4대의 라디오를 구비하여 라디오를 듣고 산다고 한다. 독서의 장점 중 하나는 독자가 원하는 시간에 아무 책이나 꺼내볼 수 있는 '자유로움'에 있다 할 것이다. 그런데 이 정도라면 독서가 구속이 아닐 수 없다. '듣기'가 그토록 '적극적인 독서행위'라면 출판사는 책을 출간할 때 아예 낭독 CD를 함께 내는 것은 어떨까. 그것이 라디오를 붙들고 살아야 하는 독자에 대한 배려가 아닐까.

전철이 목적지 역에 가까워갈수록 속도를 내거나 문장들을 건너뛰어서라도 이야기를 마무리할 각오로 나는 마음이 바빠진다. 『엽기과학자 프래니 1』은 프래니의 새 학교 적응기다. 아무리 괴이한 것을 좋아하는 엽기과학자라도 학교에서 외톨이로 지내는 것은 괴로운 일. 하여 프래니는 친구 사귀기에 공을 들인다. 엽기적인 성격을 숨기고 반 아이들이 좋아하는 것을 자기도 좋아하는 척하며 친구의 무리에 동화되는 듯했다. 하지만 점심으로 먹다 버린 쓰레기통의 호박 소스를 바른 게살 만두 도시락이 공업용 쓰레기와 섞이면서 호박 괴물로 변신하자 상황은 달라진다.

친구를 만든다는 것은 누구에게나 쉬운 일이 아니다. 그것은 괴물을 물리치는 일과 맞먹는 수준의 용기와 시련을 요구한다는 것을 이 동화는 말하고자 하는 게 아닐까. 타인의 환심을 사기 위해 본심을 숨기는 것은 자신을 속이는 동시에 타인을 기만하는 행위이다. 그런 점에서 프래니는 진정한 친구가 되는 것을 방해하는 거짓과 위선의 괴물에 맞서 싸워야 했던 것이리라. 친구란 어떤 존재일까. "나는 그냥 나고, 너희들은 그냥 너희들이야. 그리고 우린 친구야!" 서로 다름을 인정하는 것에서 친구 관계는 성립하며 거기에서 진정한 우정이 싹트는 것일 게다.

'엽기과학자 프래니' 시리즈는 기발하고 엉뚱한 상상을 하는 초등 저학년 아이들이 가질 법한 관심과 고민을 모티브로 삼는다. 이 나이의 아이들은 사물에 대한 호기심이 강하다는 점에서 모두 '엽기과학자'라 할 것이다. 가정에서는 자기만의 비밀의 방을 갖고자 하고, 학교에서는 친구를 사귀고자 애를 쓴다.

아이들은 우스꽝스러운 이름 때문에 친구들로부터 놀림을 받기도 한다. 프래니는 "키스"라는 가운데 이름 때문에 웃음거리가 된다(『엽기과학자 프래니 4—타임머신을 타고 가자』). 밸런타인데이를 맞이하여 "말랑말랑한"이라는 감정 단어를 이해하지 못한 바람에 벌어지는 큐피드의 소동은 감각적이기까지 하다(『엽기과학자 프래니 2—큐피드의 공격을 막아라』). 소유물에 대한 집착이 강한 아이는 누군가가 자신의 물건을 훔쳐갈지도 모른다는 불안감에 시달린다. 프래니는 제 발명품이 사악한 무리의 손아귀에 들어갈까 봐 "지구 최후의 날"이라는 폭탄을 만든다.(『엽기과학자 프래니 5—시한폭탄을 찾아라』) 여느 아이들처럼 엽기과학자도 과외공부 때문에 스트레스를 받는다. 하지만 엽기과학자는 자기와 닮은 복제로봇을 여럿 만들어 과외 공부를 분담시킨다(『엽기과학자 프래니 6—복제로봇을 물리쳐라』).

책을 읽어주다가 도중에 덮어버리면 맥이 풀린다. 읽어주는 쪽도 듣는 쪽도 끝을 맺지 못한 탓에 뒤끝이 개운치가 않다. 읽어주는 책은 끝을 봐야 한다. 아쉬운 대로 마지막 장까지 급하게라도 매듭을 지어야 한다.

'엽기과학자 프래니' 시리즈는 '재미'와 '교훈'이라는 두 마리 토끼를 잡는다는 점에서 아이들에게 읽어주기 좋은 책이다. 책을 읽는 데는 30분 남짓 걸린다. 이 정도는 전철에서 아이와 씨름하지 않고 목적지까지 순조롭게 갈 수 있는 시간이다. 전철용으로 제격이다. 그래서 나는 아이들의 이모 집에 갈 때에도 '엽기과학자 프래니'를 전철에 자주 태웠다.

    이날의 우리 가족 서울 나들이를 남편은 다음과 같이 적었다. 2007년 12월에 있은 일이다.

    서울 지하철 2호선 서초역 6번 출구 진행방향으론 대법원, 대검찰청, 서초경찰서, 국립중앙도서관, 서울지방조달청과 기획예산처가 늘어서 있다. 이 중 국립중앙도서관 앞에서만 좌회전이 안 된다는 우스개는 도서관의 낮은 역량을 반영한다기보다는 나머지 권력기관들의 힘을 대변한다. 지난 토요일, 국립중앙도서관 부속건물에서 있은 독서감상 발표대회에 다녀오는 길에 1인 시위자를 만났다. 대검찰청을 배경으로 포즈를 취한 초로의 신사가 들고 있는 큰 팻말은 이런 글귀가 또렷했다. "BBK 정치검찰 근조"(최성일, 『한 권의 책』, 161쪽)

나는 오늘도
일기를 쓴다

누가 시킨 것도 아니고, 더구나 치유의 방편과 글쓰기 연습용으로 생각한 것도 아니면서 나는 지금껏 일기를 쓰면서 살아왔다. 내게 일기 쓰기는 일종의 내면의 자아에게 말 걸기 같은 것이다. 마음이 불안하고 우울할 때 누군가와 이야기를 하고 싶어도 정작 아무에게도 꺼낼 수 없을 때, 나는 마음속에 담고 있는 감정과 생각을 여과 없이 그대로 적어 내려간다. 누군가에게 보이려는 것이 아니라 단지 감정의 응어리와 파편을 쏟아내기 위해 쓴다. 누군가와 신경전이라도 벌인 날에는 일기장에 날 감정 그대로를 퍼붓기 때문에 혹여 당사자가 본다면 나와 절교하자는 불상사가 생길지도 모르겠다.

일기는 순전히 자기만의 글쓰기이며 일기의 주인이 곧 유일한 독자라고 해도, 본의 아니게 타인에게 노출되는 경우가 있다. 아무 곳에나 일기장을 방치한 바람에 내 일기를 읽고 남편이 충격을 받은 적이 있었다. "순옥이가 나에 대해 그렇게까지 생각하는 줄은 몰랐다. 가슴이 아프다. 다 내 잘못이다. 앞으로 어떻게 하나? 자신이 없다." 부부가 말다툼을 한 후 아내가 일기장에 남편에 대해 좋은 말을 했을 리는 없다. 아이도 태어나고 했으니 집안의 가장다운 면을 보여줬으면 한다는 요지였다. 물론 비난과 원망이 섞인 말투였다. 이 일기 때문에 그러지 않아도 순수한 영혼이 어찌나 마음의 상처를 받고 상심해하던지 아내는 일기 쓴 제 손을 찍고 싶은 심정이었다.

뜻하지 않게 남의 일기를 보고 실의에 빠지기도 하지만, 의도적으로 남의 일기를 훔쳐보는 경우도 있다. 한 이불을 덮고 자는 사람들은 상대가 비밀리에 적은 글이 그렇게 궁금할 수가 없다. 남편은 내가 집을 비운 사이 내 일기를 훔쳐보고 그것을 내 일기장에 증거로 남겼다. 고백건대 나 역시 남편의 일기를 자주 훔쳐봤다. 나는 안 본 척 시치미를 뚝 떼버리지만, 남편은 몰래 본 것을 마음에 담아두지 못하는 양심적인(?) 사람이다. 아내의 일기장에 '일기 봤음'이라는 표시를 해둘 정도로 무서운 사람이다.

"어젯밤에는 정말 화가 났다. 어떻게 남편 뒤통수를 그렇게 후려칠 수 있는지. 너, 정말! 딱 걸렸다. 신순옥이 사회활동을 하면서 자신감이 생긴 건 좋은데, 사람이 변했다. 본인은 아니라고 부인하겠지만, '돈맛'을 안 것 같다. 하지만, 오늘 일기를 훔쳐보니 돈보다는 서해가 중요한 모양이다. 아직 정신은 안 나갔군. 큰형 집에서 어머니가 차려준 점심을 먹다가 웃음이 나와서 곤욕스러웠다. 신순옥 쩔쩔매는 꼴이 웃어죽겠다. 그런데 신순옥 일기를 훔쳐보며 킥킥 웃음이 나온다. 하여간 신순옥은 타이밍을 되게도 못 맞춘다. 방금 전화 왔을 때 기분이 나빴던 것은 〈아웃사이더〉 정기구독 영수증을 못 찾아서인데…. 그런데 기분이 다시 좋아졌다. 영수증 찾다가 모자보건수첩을 찾았다. 컴퓨터 서랍 안에 전세 계약서 봉투에 들어 있었다. 일기를 죽어나게 쓰고 있는데 열쇠 따는 소리가 난다. 아버진가 했더니 신순옥이다."

나는 일기를 아무데서나 쓴다. 사람이 있든 없든 상관하지 않고 지렁이가 기는 글씨체로 긁적인다. 그래도 감정적인 글은 혼자 있을 때 잘 써진다. 남편의 병이 돌이킬 수 없는 상황이 되었을 때, 집에서 남편을 간병하던 도중 두렵고 절망스러운 감정을 어떻게든 덜어내고자 일기를 붙들고 살았다.

괴롭고 힘들 때 사람은 지푸라기라도 잡고 싶은 절박한 심정이 된다. 심적으로 비슷한 처지의 누군가에게 신호를 보내지만 그것은 수신되지 못한다. 생각을 자꾸 나쁜 쪽으로 몰고 가게 돼 직접 행동으로 옮겨지는 일은 없기 때문이다. 설령 대화 상대가 있어도 모두가 내 맘 같지 않다는 사실을 인정해야 한다. "누가 내가 겪고 있는 혼란이나 고통에 대해 듣고 싶어 하겠는가? 그런 문제들은 오직 나 스스로 대처할 수 있는 일일 뿐 누구의 관심사도 아니다."(『치유의 글쓰기』, 셰퍼드 코미나스 지음)

　남편에게 밤낮으로 숙면을 취하지 못하는 날이 계속되었다. 자연 잠자리에서 일어나는 시간은 들쑥날쑥했다. 어느 날은 남편이 잠자리에서 일어나기를 기다리며 식탁에서 일기를 긁적이는 일조차 괴롭다는 생각이 들어 볼펜에 힘만 잔뜩 주고 있었다. 갑자기 안방 문이 열리고 남편이 거실로 나왔다. 쓰던 일기를 숨길 틈이 없었다. 그때는 남편의 죽음으로부터 한시도 벗어나지 못했다. 때문에 그런 불길한 생각에 빠져 있는 나를 들키고 싶지 않았다.

　말이 씨가 된다는 말이 있다. 부정적인 생각이 생각으로 머물 때와 달리 문자화되면 그것이 현실이 될지도 모른다는 걱정을 안기는 말이다. 나의 쓰는 행위가 남편의 운명에 나쁜 기운을 보탤지도 모른다는 일말의 불안이 없었다고 말 못한다. 영혼이 흔들리기 시작하면 삶 전체가 흔들리고 이성적인 사고는 잠식당한다. 그럴수록 사람은 감정과 직감에 휘둘리기 쉽다.

　"없는 듯이 왔다가 없는 듯이 가는 것이 생명이다." 뭘 그렇게 집착할 게 있냐는 투로 남편이 대뜸 나를 보자마자 하는 말이다. 그러면서 인간은 기록을 통해 생명을 연장하려고 안간힘을 쓴다고, 인간은 안간힘을 쓰는 존재라고 하는 것이 아닌가. 일기장을 펼쳐놓고 뭔가를 적어대는 아내의 모습이 좋아 보이지 않았던 모양이다. 남편의 말대로 나의 일기 쓰기는 삶에 대한 안간힘이자 집착일 수도 있겠다.

『치유의 글쓰기』의 저자는 50년 넘게 일기를 써왔다. 그는 일기를 쓰기 시작하면서 지독한 편두통에서 벗어나게 되었고, 형님과 부모님의 잇단 죽음, 자동차 사고, 이혼 등의 온갖 시련에도 의연하게 대처할 수 있었다고 회고한다. 아무에게도 꺼낼 수 없었던 감정을 일기에 적고 나면 "내 안에 있는 또 다른 내가 부스스 눈을 뜨고 악수를 청하는 느낌"이라고. 말하자면 저자에게 일기는 치유의 방편인 셈이다. 저자는 여러 대학과 대학병원의 암 병동, 그리고 각종 문화센터에서 글쓰기가 어떻게 인생을 변화시키는지 강연을 하고, '글쓰기 워크숍'을 통해 사람들에게 글쓰기의 기쁨을 전한다. 일기 쓰기는 치유로서 의학적 의미도 충분하다고 한다.

저자는 일기의 효용을 육체적, 정서적, 정신적, 영적, 통합적 관점에서 제시한다. 이 점을 알고 나면 일기를 쓰지 않고는 못 배기리라. "자신의 감정을 글로 옮기기 위해 펜을 집어드는 일이야말로 영혼의 문을 여는 열쇠가 되고, 문을 열면 새로운 세상이 펼쳐지니 해답은 당신의 손가락 끝에 있다." 답은 언제나 그리 멀지 않은 곳에 있다.

나는 이 책을 읽으면서 나름 스스로를 아끼며 살아왔다는 것을 확인받을 수 있었다. 스스로에게 이방인이고 방관자라는 생각을 하며 살았는데 말이다. 자신을 위해 일기 쓰는 시간 정도는 할애하며 살아온 것이다. 어쩌다 지금껏 일기를 쓰다 보니 일기가 나의 좋은 친구라는 사실에 공감하지만 그렇지 못한 경우는 어떻게 해야 할까. 아무리 좋다고 떠들어본들 그것을 절감하지 못하면 무소용이다. 그래서 저자는 글쓰기가 독자에게 효과가 있는지 없는지 알아내는 유일한 방법은 장기간 계속해보는 것이라고 조언한다. "우선 시작하라. 그리고 최소한 90일 정도는 계속하겠다고 결심하라. 정신건강과 웰빙을 위한 투자로 하루 20분 내외, 90일 정도를 투자하지 못한다면 당신 자신에게 너무 인색한 일이다."

저자는 일기 쓰기의 필수품으로 종이, 펜, 장소, 시간 등을 꼽는다. 요즘에는 컴퓨터와 노트북을 사용하여 글을 쓰는 경우가 일반화돼서 일기도 그 방법이 좋을 것 같지만, 저자는 이를 절대 말린다. 컴퓨터 자판으로 글을 쓰다 보면 누구나 편집의 유혹을 느끼게 돼 교정을 보게 된다는 것이다. 그러면 원래 의도와 달리 가식적인 글이 되기 쉽다. "당신이 절대로 하지 말아야 할 일은 이것이다. 편집을 하게 되면 일단 글쓰기를 멈추게 되고 자아비판을 하게 된다."

처음 일기 쓰기를 시작하는 사람은 고급스럽고 화려한 장정의 일기장은 피하는 것이 좋다. 그런 일기장은 부정적인 감정언어를 쏟아내기에 부담으로 작용할 수 있다. 종이를 편안하게 느낄 수 있어야 진실한 글이 나오는 법이다. 일기 쓰는 장소와 시간은 정해져 있지 않고 쓰는 사람의 편의에 따라 다르다. 저자는 지상의 모든 곳에서, 공간이 허락되는 대로 글을 썼다고 한다. 구속받는 느낌이 들지 않으면 어디든 글을 쓰기에 적합한 장소라고 한다. 원하는 만큼 쓰되, 날마다 쓰겠다는 약속을 반드시 지키면서 짬을 낼 수 있는 시간대에 시작하라고 주문한다.

저자는 치유의 글쓰기는 누군가에게 보일 목적으로 쓰는 것이 아님을 분명하게 밝힌다. "당신의 글쓰기는 지금까지 살아온 인생 경험에 대해 자기 자신에게 솔직해짐으로써 치유의 길로 접어들려는 것을 목적으로 한다." 그런데 일기를 쓰다 보면 제3자가 제 글을 볼지도 모른다는 생각에 걱정이 앞서는 때가 있다. "일기를 비밀로 할 수 없다면 아무도 보아서는 안 된다고 확실히 못을 박아라." 저자는 인간관계는 분명한 경계선이 있을 때 더욱 공고해진다고, 아무리 세상에서 친밀한 사람일지라도 개인적 프라이버시는 반드시 존중돼야 한다고 덧붙인다. 치유의 글쓰기에서는 비밀보장이 기본이다.

    일기를 쓰는 사람의 또 다른 걱정은 불길한 마음을 종이에 적다 보면 우려가 현실이 될지도 모른다는 두려움이다. 저자는 고통과 불안을 표현한다고 그것이 마법처럼 현실화되는 일은 없으며 오히려 감정 조절에 도움을 받을 수 있다고 조언한다.

"부정적인 감정의 응어리는 회피할수록 커지지만 정면으로 맞서면 형편없이 작아진다."

일기는 내 말에 시비를 걸지 않고, 내 감정에 단서를 달지 않고, 되지도 않은 문장과 논리를 따지지 않는다. 거기에는 나를 전적으로 지지하고 수용하는 자아만이 존재한다.

심각한 발작으로 응급실에 실려 간 후 남편은 다시는 집으로 돌아오지 못했다. 남편은 중환자실로, 나는 아이들 이모네로, 아이들은 제 큰집으로 뿔뿔이 흩어졌다. 중환자실의 면회시간 오전, 오후 20여 분을 기다리는 것이 나의 하루 일과가 되었고, 면회시간에 본 남편의 상태에 따라 그날의 기분은 '지옥'과 '천당'을 오갔다. 그때 내가 달리 무엇을 할 수 있었을까. 혼수상태에서 깨어나 남편이 사람을 조금씩 알아볼 때 나는 이렇게 적었다.

"어제 오늘은 눈자위가 축축하지 않다. 사람의 앞날은 아무도 모른다. 남편의 하루하루는 앞으로 어떤 시간으로도 보상받지 못할 시간들이다. 같은 공간에서 얼굴을 바라보고 손을 잡을 수 있다는 것은 얼마나 큰 위안이고 축복인가. 당신을 수도 없이 떠나보냈는데 당신이 다시 내 곁으로 와 노를 젓는다. 물살이 헛헛하고 약해도 나는 기꺼이 만족하고 고난을 감내하리. 고마워, 여보."

그 와중에도 내가 이런 마음을 가졌다는 게 조금 놀랍다. 그러니 나는 오늘도 일기를 쓴다.

대중매체와
덜 친하기

원치 않은 사람이 대통령으로 당선되면 결혼 후 일편단심으로 구독해오던 신문을 끊을 작정이었다. 뭐 대단한 정치의식이 있어서는 아니고, 단지 보고 싶지 않은 얼굴은 안 보고 살겠다는 지극히 단순한 이유에서다. 신문 하나 끊는다고 달라질 것은 없지만 정신 건강에는 좋을 것이다.

하지만 나는 아직 신문을 끊지 못했다. 아침식사 준비 전 식탁에서 신문 보는 습관을 버리지 못한 데다가 신문보급소에 전화하는 일이 귀찮아서 차일피일 미루다가 해를 넘기고 말았다. 신문보급소가 문을 닫거나, 내가 이사를 가거나, 부득이한 배달 사고가 없는 한 신문 구독을 그만 두지 못할 성싶다. 사람의 습관이란 무서워서 버릇처럼 해온 일을 쉽게 그만 두지 못한다.

남편은 이명박 정부 들어 구독하던 신문을 끊고자 했다. 그는 1988년 5월 15일 태어난 〈한겨레〉를 창간호부터 시작하여 근 20여 년간 한결같이 애독해왔다. 〈한겨레〉가 창간된 그 해 7월 입대를 하는 바람에 신문을 볼 수 없게 되자, 그는 부모님께 신문을 모아놓을 것을 부탁하였고 휴가 나와서는 묵은 신문을 뒤적이는 재미를 맛보곤 했다고 한다. 사람도 참 고리타분하다. 군대 휴가 나와 기껏 신문과 연애를 하다니.

　그런 사람이 〈한겨레〉에 애정을 거둬들이려 한 것은 바뀐 정부 수장의 얼굴을 보고 싶지 않다는 것과 신문의 논조가 마음에 들지 않는다는 것을 내세웠다. 〈한겨레〉가 예전 같지 않다는 것이다. 변심한 애인은 보내주는 것이 상책이다. 신문은 세상을 바꾸지 못한다. 신문을 본다고 세상이 달라질까. 대중매체는 그 특성상 봐도 그만 안 봐도 그만이다. 남편은 『책으로 만나는 사상가들』에서 신문과 정부에 관한 단상을 다음과 같이 보인 바 있다.

　"초창기 미국 대통령을 지낸 토머스 제퍼슨의 말을 인용해 '신문 없는 정부'보다는 차라리 '정부 없는 신문'을 택하겠다는 언론의 자유 신봉자들을 이따금 본다. 만일 내게 선택권이 주어진다면, 나는 정부와 신문, 둘 다 없이 살고 싶다. 그렇다고 내가 아나키스트를 흉내 내려는 것은 아니다. 가능하다면 정부와 신문의 영향력으로부터 자유롭게 살고 싶다는 얘기다. '신문 없는 정부'니 '정부 없는 신문'이니 하는 표현부터가 어불성설이다. 둘은 공생관계에 있기 때문이다. 적어도 진실한 말은 거의 하지 않는다는 측면에서 신문과 정부의 속성은 거의 일치한다."(490쪽)

하지만 남편은 그의 바람과 달리 정부와 신문의 영향력으로부터 자유롭지 못했다. 자유롭지 못해도 덜 들볶일 수 있었을 테지만 성격이 예민하여 그도 쉽지 않았던 것 같다. 아내의 반대로 신문조차 절독하지 못했다. 집에 TV가 없는 상황이어서 나는 세상 돌아가는 흐름을 신문을 통해 그나마 읽고 있던 터였다. 남편은 사회 문제에 민감했고 아내는 사회 문제에 무심한 편이다. 남편은 그런 아내를 나무라곤 했다. 사람 개인의 성향이려니 싶다. 딱히 취미랄 것을 갖지 못한 탓에 나는 신문 읽는 것에 조금 맛을 들이며 세상 돌아가는 일에 흥미를 갖던 차여서 신문을 끊자는 남편의 제의를 거절했다. 만약 남편이 5년이 지난 지금에 와서 신문을 절독하자고 하면 흔쾌히 '예스'를 하겠다.

나는 신문은 못 끊어도 TV는 끊었다. TV가 고장 나지 않았다면 그도 맘먹기가 쉽지 않았을 것이다. 내가 초등학교 입학을 전후하여 시골 마을에 전기가 들어왔다. 그리고 마을로 TV가 들어왔다. 처음으로 TV를 사들인 집은 TV를 구경하러 몰려드는 마을 사람들로 인해 해질 무렵이면 늘 시끌벅적했다. 이후 집집마다 흑백TV를 사들였고 이내 컬러TV로 교체되었다.

TV 하면 생각나는 것은 일요일마다 방영되던 어린이 만화 프로그램보다 안테나에 대한 기억이다. 그 당시 안테나는 크기도 컸지만 무게가 꽤 나가는 옥외용이었다. 시골집은 도로를 사이에 두고 산을 끼고 있어 안테나를 산꼭대기에 세워야 했다. 때문에 바람이 조금만 불어도 안테나의 방향이 틀어져 TV 화면에서는 자주 비가 내렸다. 그러면 가족 중 한 사람은 TV 앞에서 채널을 돌리고, 한 사람은 마당에서 화면 상태를 중계하고, 나머지 한 사람은 안테나를 매단 나무에 올라가 안테나의 방향을 잡았다. 도합 세 명은 꼭 필요했다. 안테나를 돌리는 일은 체구가 작고 나무를 잘 타는 남동생이 주로 맡았는데 녀석이 '중계방송'을 무시하고 멋대로 안테나를 돌리는 바람에 TV 화면이 정상으로 돌아오기까지 반나절은 걸렸다. "잘 나오니?" "안 나와." "조금만 더 돌려." "그만, 그만." 하는 말들이 귀에 쟁쟁거린다.

 TV가 그렇게 일상의 한 영역을 차지한 이후 도시에 살면서도 TV 없이 지낸 적은 거의 없었다. TV 없는 일상을 생각해보지 못했다. 그것은 의당 있어야 하는 것처럼 생각되었고 나의 일상을 군림해온 듯하다. 혼수용품의 필수라는 TV를 나 역시 빠뜨리지 않았다. 신혼 초에는 남편과 밤늦게까지 뉴스, 드라마, 오락프로그램을 시청했으며, 아이들이 걸음마를 할 무렵에는 TV 앞으로 밥상을 가져와 밥 먹는 시간까지 아껴가며 시청을 독려(?)했다.

 TV는 밥을 잘 안 먹는 아이의 입에 밥이 들어가게 만든다. 아이가 TV에 정신을 팔면 엄마는 슬쩍슬쩍 아이의 입에 숟가락을 갖다 나른다. 문제는 아이가 혼자 숟가락질을 할 나이에도

TV를 켜야 밥을 먹는다는 점이다. 밥이 입으로 들어가는지 코로 들어가는지도 모른 채 아이는 TV 삼매경에 빠져들고, 엄마는 문제의 심각성을 깨닫지만 쉽게 용단을 내리지 못한다. 기질적으로 정적인 아이들을 TV 의존형으로 키운다는 생각은 자주 나를 괴롭혔다.

어느 날 전원을 켰더니 탁한 소리와 함께 TV가 먹통이 되었다. 사람을 불렀더니 부품수리비로 원래 기계 가격의 3분의 1을 부른다. 남편이 과감한 제안을 했다. 이참에 TV를 없애버리자는 것이다. 나와 남편은 TV를 자주 들여다보면서도 그것이 백해무익하다는 사실을 얘기하곤 했다. 엄마 편하자고 아이들을 TV에 장시간 노출시키고 있는 것은 아닌가 하는 자책이 들기도 하던 차여서 흔쾌히 동의했다. 남편 의중을 확실히 떠보았다. 그 좋아하는 야구 경기를 못 볼 터인데 어떻게 할 거냐고. 그것 안 봐도 산다는 대답이 돌아왔다. TV를 고물상에 넘겼다. 작은아이가 다섯 살, 큰아이가 아홉 살 무렵이다. 이후 집으로 TV를 다시 들이지 않았다.

그런데 이사를 한 아파트가 디지털 시스템이어서 부엌과 바깥 화장실에 TV, 전화, 현관과 출입구 문을 여는 기능 등을 겸한 소형 모니터가 달려 있다. 남편은 관리사무실을 방문하여 집에 TV가 없다는 사실을 전에 살던 아파트 관리비 영수증으로 확인시키고, 소형 모니터를 떼어줄 것을 종용했다. 입주자의 의사와는 무관한 TV이니 수신료를 낼 수 없다는 뜻을 밝힌 것이다. 관리소장은 좀 특이한 이 입주민에게 소형 모니터는 TV라기보다는 그 외의 용도로 사용하는 아파트에 달린 부속품이라는 해석을 해주었다. 소형 모니터를 TV로 볼 수 없다는 것이다.

생각지 않은 손바닥 크기의 TV가 두 대가 생긴 것이다. 부엌 쪽은 플러그를 아예 뽑아놓지만 화장실의 것은 벽 속에 내장되어 있어 어쩔 도리가 없다. 이사 와서 아이들은 한동안 전원 버튼을 눌러 화장실의 TV를 봤다. 화장실 문 앞에 쪼그려 앉거나 서서 들여다보더니 그도 오래가지 못했다. TV는 어느 정도 불편을 감수하면서 시청해야 한다. 그래야 TV에서 놓여날 수 있다.

TV를 없애고 깨달은 것은 우리가 전도된 사고를 하고 있다는 점이다. 피곤해서 TV를 켠다고 생각하지만 정작 TV 시청의 결과 피로한 것은 아닐까. TV는 피로를 풀어주기보다는 피로를 가중시키는 측면이 있는 것이다. 또한 TV는 무료한 시간을 때워주는 놀이친구 같지만 오히려 시청자를 고립시켜 인간관계를 단절시킨다.

『지식 e』(EBS 지식채널ⓒ 엮음)는 자연, 과학, 사회, 인물 등 다양한 소재를 강한 메시지와 영상을 통해 시청자들에게 신선한 충격을 안긴 TV 프로그램 〈지식채널 e〉를 엮은 책이다. 아이러니하게도 책은 "TV 끄기 운동"을 통해 TV의 유해성과 중독 심각성을 조명한다. 소개된 미국의 'TV 끄기 네트워크'는 TV를 꺼야 하는 이유로 무의식적 간식 섭취와 운동 부족에 따른 비만의 위험성, 부정적 사건사고와 재앙에 관한 보도로 인해 스트레스와 불안감 가중, 비현실적인 폭력물에 의한 폭력성 조장, 과도한 노출과 선정성으로 인한 이상 성적(性的)행동의 조장, 일방적으로 쏟아지는 시각정보에 따른 학습능력 저하 등을 거론한다.

TV를 끄자는 운동에 맞서 TV를 옹호하는 쪽은 "'멀티미디어가 주도하는 정보화 사회'라는 시대적 흐름을 시대착오적인 논리로 거부하려드는 '문화지체운동'"이라고 비판한다. 그럴 수도 있겠다. 나는 TV를 버리고 자유와 마음의 평정을 얻었다고 생각하나 분명 잃은 것도 있을 것이다.

TV를 없앤 것을 알고 주위 사람들의 반응은 다양했다. 어린 자녀를 둔 가정은 부럽다고 했고, 초중등 자녀를 둔 학부모는 자녀가 학교에서 외톨이가 될 것을 걱정했다. 화제의 드라마를 모르니 또래 아이들과 섞이지 못한다는 것이다. 절간 같은 집안 분위기를 낯설어하는 어르신들은 "TV 없는 세상을 어떻게 살아가느냐?"고 자못 안쓰러워했다.

나는 여태 TV를 많이 못 봐서 후회스럽다는 사람은 못 봤다. 사실 이것은 내게도 해당된다. 영화, 독서, 공부, 여행 등은 열성적으로 하지 못한 것이 꽤 아쉽다. 남들 말대로 TV가 없어서 큰아이에게 친구가 없는 것인가 하는 고민을 한 적도 있다. 하지만 아무리 어린 친구들이라고 해도 드라마 시청 여부에 따라 우정에 순번을 매기는 일은 하지 않으리라. 설령 그런다 해도 그것은 딸아이가 감당해야 할 몫이다.

    남편은 부모로서 아이들에게 가장 잘한 일이 있다면 집에서 TV를 몰아낸 것이라고 했다. 수십 년간 시청해본 경험상 그렇다는 것이다. 가끔 친척집을 방문하여 장시간 TV를 시청하고 돌아온 날은 가족들의 얼굴이 편치 않아 보인다. 우리 가족은 TV가 더 이상 좋은 친구라고 생각하지 않는다. 나는 신문에도 관심을 줄일 생각이다. 대중매체와 덜 친해야 대중매체의 논리에 덜 놀아날 수 있다. 남의 잣대로 살아가기보다 나의 머리로 사고하며 나 자신으로 더 존재하고 싶은 까닭이다.

아이들은
놀아야 한다

올해 초등학교 3학년이 되는 아들 녀석이 엄마를 부쩍 챙긴다. 엄마가 어딜 갈 때마다 '보디가드'를 자청하며 따라나선다. 아이의 걱정은 엄마의 안전이다. 엄마가 외출을 하면 집으로 돌아오지 못하거나 돌아오지 않을 것 같아 불안하다는 것이다. 커가는 과정이려니 싶다.

    녀석 나이에 나도 학교에서 그런 불안감에 꽤 시달렸던 것 같다. 나는 표현을 못했지만, 다행히 아들 녀석은 끊임없이 자신의 불안감을 표출한다. 그럴 때는 아이의 뜻을 존중하여 엄마를 '보호'할 기회를 주는 것도 좋은 방법이리라. 시간이 약이 되지 않은 적은 없다고 위안을 삼으면서. 그래서 녀석이 엄마를 따라나선다고 하면 구태여 말리지 않는다. 때로는 내가 먼저 같이 가자고 선수를 치기도 한다.

    아들 녀석의 '보호'를 받으며 외출하는 날 눈이 내렸다. 눈이 그친 듯하여 우산을 하나만 챙겼는데 이내 또 굵은 눈발이 날리기 시작한다. 날이 궂어 버스를 탈까 하다가 눈과 아들 녀석이 서로 '호위' 하겠다고 겨루니 산책 겸 버스 세 정거장 거리의 목적지까지 걸었다. 우산이 녀석 쪽으로 쏠리는 바람에 내 한쪽 어깨 위로 눈이 쌓여간다.

길을 가다 보니 벌써 공원과 아파트 곳곳에 눈 잔치가 벌어졌다. 눈싸움을 하거나 눈사람을 만드느라 분주하다. 플라스틱 썰매를 끄는 아줌마가 있는가 하면, 고무 다라를 끄는 할머니도 보인다. 고무 다라 할머니를 보니 아들 녀석이 유치원 다닐 때 유아용 욕조에 녀석을 태우고 눈 쌓인 아파트 샛길을 누볐던 기억이 새삼 떠오른다. "욕조 썰매 태워줄까?" 지나가는 말로 녀석에게 물었더니 고개를 절레절레 흔든다. '흠, 이제 다 컸다 이거군.'

눈은 사람의 눈을 즐겁게 한다. 비와 달리, 눈은 사람의 마음을 깃털처럼 들뜨게 하는 성질이 있다. 속성상 그것은 나풀거리고 달뜨는 우리의 마음자리와 닮은 듯하다. 그래서 시인 윤동주는 눈 오는 날의 풍경을 "눈이／ 새하얗게 와서／ 눈이／ 새물새물해요"(「눈」)라고 노래하지 않았을까. 시적화자의 들뜬 마음과 벙긋벙긋 웃는 표정이 독자에게 그대로 전달되는 동시다. '새물새물하다'의 사전적 의미는 "입술을 조금 샐그러뜨리며 소리 없이 자꾸 웃는 모양"이다. 눈이 오면 사람들은 '새물새물' 해진다. 눈이 오면 누구나 실없는 사람이 되고 만다.

어릴 적 내가 살던 시골 마을에는 눈이 드물었다. 어쩌다 발목이 푹푹 빠지도록 눈이 오면 그날은 동네 아이들이 무덤가에서 비료 포대 썰매 타는 날이다. 산으로 둘러싸인 집성촌 마을이어서 그런지 몰라도 집들과 이웃하여 몇 대 조상인지 알 수 없는 오래된 산소가 여럿 단장돼 있었다. 무덤가 근처로 사람들이 터를 잡은 건지, 터를 잡은 이후 무덤이 생긴 것인지는 알 수 없다. 하지만 무덤 주변으로 인가가 차츰 생기지 않았을까. 옛사람들은 삶에서 죽음의 공간을 격리시키지 않았으니 말이다.

눈을 뜨면 보이는 건너편 산소는 나무나 바위와 같은 자연물과 다를 바 없었으며 사시사철 아이들의 놀이터였다. 어른들은 산소가 무너진다고 야단을 쳤지만 아이들은 그것에 아랑곳하지 않고 놀기에 바빴다. 산소가 산을 깎은 경사면에 자리 잡고 있어서 눈 위의 비닐 포대 썰매의 속도감은 상상을 초월한 것이었다. 어린 시절 경험인지는 몰라도 눈과 경사면과 비닐의 조합이 만들어내는 속도감은 정말 아찔했다. 아직도 그 얼얼한 속도감이 궁둥이에 살아 있을 정도다.

요즘 아이들의 놀이 부재를 걱정하는 부모들이 많다. 고향이 시골이어서 놀고 자란 경험이 풍족한 엄마들이 특히 더 그렇다. 알고 지내는 엄마들은 현재 거주 도시가 본토박이인 경우는 별로 없고 전라도, 경상도, 충청도, 강원도에서 골고루 이주해

온 이들이다. 유년기 추억이 화제에 오르면 그 시절의 '무용담'
에 열을 올린다. 그런 엄마들일수록 아이들은 놀아야 건강하게
자란다는 말을 자주 입에 올린다. 자녀들을 놀리지 못하고 학원
을 보낼 수밖에 없는 현실을 개탄스러워한다.

아이 얼굴 볼 시간조차 없이 학원에 지극 정성으로 보내야
하는 이유를 모르는 바는 아니다. 하지만 그보다는 아이가 누릴
자유 시간이 어느 정도 보장돼야 하는 것 아니냐고 조심스럽게
운을 떼면 엄마들의 표정이 금방 달라진다. 정색을 하면서 제 아
이는 학원을 몇 군데 다니지 않아서 놀 시간이 많다는 것이다.
아무리 바쁜 아이들이라 해도 시간이 없기야 할까. 그 시간이라
는 것이 한 학원을 마치고 다른 학원을 가기 위해 대기하는 '징
검다리 시간'이어서 문제지. 그런 자투리 시간은 심혈을 기울여
능동적인 놀이를 하기도, 또래 아이들과 바깥에서 뛰어놀기도
애매하다. 기껏해야 수중의 스마트폰을 만지작거리기에는 적당
할지 모르겠지만.

'상상력이 풍부한 놀이는 어떻게 행복하고 건강하게 우리
아이들을 키워내는가'라는 부제를 단 『놀이의 힘』을 읽으면서
나는 여러 번 고개를 주억거린다. 아동심리학자 데이빗 엘킨드
는 책을 통해 "과대 포장된 교육 상품의 맹점을 비판하고 자기
주도적인 놀이의 중요성을 강조한다." 아이들의 놀이는 호기심
과 상상력, 환상을 피워 올리기 위해 태어나면서부터 지니는 기
질이라고 한다. 그런 놀이가 첨단과학과 상업주의 시대에 이르

러 침체를 겪고 있다고 그는 진단한다. 돈으로 놀이를 사고, 학습을 사는 시대이기는 하지만, 기본적으로 아이들의 학습은 놀이를 통해 이뤄진다고 본다. 따라서 "그 기회를 앗아간다면 자기 창조적인 학습 경험 자체를 박탈하는 것과 같다." 자녀가 공부 잘하는 아이로 자라기를 원하는 부모라면 자녀에게 자발적이고 자기주도적인 놀이를 허해야 한다는 얘기다.

책은 장난감 오·남용에 비판적이다. 나는 그 유해성에도 불구하고 장난감은 '다다익선'이라는 편견을 가졌다. 사들인 것은 별로 없어도 이집 저집에서 물려받는 것이 많아 집에 장난감은 넘쳐났다. 어릴 적 장난감을 가져보지 못해 생긴 일종의 보상심리가 아니었을까 싶다. 장난감은 아이들의 상상력과 환상을 키워주는 방법으로 많이 활용되어 왔다.

허나 장난감이 너무 잦고 많은 경우 단순한 재미와 기분전환용으로 전락한다고 저자는 충고한다. 따라서 장난감 놀이의 긍정적인 특징을 살리려면 아이에게 특정 장난감을 가지고 시간을 보내게 할 것을 주문한다. 그래야만 아이가 주옥같은 이야기를 상상하고 엮어낼 수 있다는 것이다. 맞는 말이다. 우리 집에 장난감이 넘쳐날 때 아이의 관심과 흥미는 오히려 반감되고 집중력도 떨어졌다. 장난감을 정리하면서 레고 조각만을 남겼더니 아이는 시간을 들여 여러 '작품'을 만들고 거기에 풍성한 이야기를 곁들일 줄 안다. 아이의 장래 희망이 '과학자'에서 '레고 빌더'로 바뀐 것은 자연스러운 일이다.

저자는 전자 매체에 대해서도 비판적이다. 하지만 "화면 역시 우리 시대의 산물이자 주위 환경의 일부분이기 때문에 당연히 이에 적응해야 한다."는 입장이다. 발달 단계를 놀이, 사랑, 일의 상호작용이라는 관점에서 기술하는 저자는 전자매체가 지속적인 인상을 남기려면 "먼저 보는 이에게 주도권을 줄 기회를 제공해야 하고(놀이), 감정적인 개입이 일어나야 하며(사랑), 세계에 대해 무엇인가를 배울 수 있어야 한다(일)"(61쪽)고 주장한다.

그러나 전자매체를 통해서 놀이, 사랑, 일의 조화로운 기질을 성취할 수준에 이르기까지의 길은 멀어 보인다. 오히려 우리의 현실은 스마트폰과 온라인게임에 중독되는 아이들이 늘고 있어 그 부작용을 고민해야 할 처지다. 전자 매체의 바람직한 방향을 모색하면서도 저자는 이에 부정적인 평가를 내린다. "컴퓨터 프로그램을 통해 유아들이 배우는 것은 딱 한 가지다. 너 자신의 학습 능력을 믿지 말고 부모나 상업적인 장치를 통해 배우라!"(133쪽) 저자는 아이의 건강한 성장과 발달을 위해서는 애정을 가진 인간과의 상호작용이 중요하다고 역설한다.

아이들의 놀이 부재가 정서적, 정신적, 육체적 건강에 심각한 문제를 야기함을 부모들은 누구보다 잘 알고 있다. 그런데도 자녀에게 놀이의 기회를 주지 못하는 것은 왜일까. 혹여 부모들은 자신의 양육방식에 대해 타인을 지나치게 의식하고 있는 것은 아닌지 점검해볼 일이다. 지금의 부모와 그 윗세대는 어릴 적 '나가서 놀아라'는 말을 일상적으로 듣고 자랐으며 그 시절의 부모들은 "아이가 위험을 무릅쓰도록 내버려두었고 오히려 진짜 세상과 맞닥뜨렸을 때 대응하는 법을 배울 수 있을 것이라 생각했다."(114쪽)

하지만 지금은 '순수성'이냐 '위험'이냐의 문제가 뒤바뀌면서 아이들의 놀이도 영향을 받게 되었다. 놀이의 필요성을 절실히 깨닫고 있지만 놀이에 따르는 직간접적인 위험을 묵과할 수 없는 현실에서 부모들의 고민은 깊어질 수밖에 없다. 저자는 부모에게 아이가 일생 동안 즐기게 될 습관적인 놀이를 개발하도록 관심을 가질 것을 주문한다. 부모에게 부모 개인의 열정을 자녀와 함께 공유할 것을 제안한다.

전자기기에 사로잡히고 과도한 학습량에 짓눌리는 아이들이라도 눈이 오면 누가 시킨 것도 아닌데 놀이터를 자기 세상으로 만들 줄 안다. 그래서 겨울에는 눈이 와야 한다. 놀이의 힘은 "즐거운 경험뿐만 아니라 즐거운 경험에 대한 기억도 스트레스를 완화하고 편안함과 위안을 선사한다."(292쪽)는 데에 있다.

부모들은 놀이를 추억할 수 있는 '보물창고'를 가졌는데, 아이들은 '보물창고'를 채울 기회조차 못 가진다면 아이들로서는 좀 억울하지 않을까. 놀이야말로 가장 아이다운 활동이며 동심이 구현되는 세계이다. 그러니 어른들은 아이들에게서 놀이의 세계를 빼앗지 말자. 너무 성급하게 아이들을 어른의 피로한 세계로 끌어들이지 말자.

녀석과 눈길을 걸으면서 나의 눈에 얽힌 추억에는 비닐 포대 썰매와 유아용 욕조 썰매에 엄마의 신변을 걱정하는 아들 녀석의 착한 마음이 더해진다. 녀석도 먼 훗날 엄마가 걱정돼서 눈길을 나섰던 그날의 제 심정을 눈처럼 환하게 떠올리는 날이 있으리라.

나는 상상력이 풍부한 놀이니, 자기 주도적이고 자발적인 놀이니 하는 것들을 그리 거창하게 생각하지 않는다. 그런 놀이를 하는 아이들은 전자기기가 없어도 심심하다는 말을 입에 달지 않을 것이다. 『하나도 안 심심해』(마갈리 보니올 글·그림)와 『나뭇잎이 달아나요』(올레 쾨네케 글·그림)의 주인공들처럼 말이다. 제 손가락과 발가락을 가지고도 인형 친구와 재미있게 놀 줄 알며, 바람에 날리는 나뭇잎으로도 친구들과 즐거운 시간을 보낼 수 있으리라. 나는 우리 아이들이 무료함조차 놀이로 여길 줄 알고 자연이 주는 선물을 기꺼이 즐길 줄 아는 사람으로 성장했으면 좋겠다.

그러고 보면 아이들의 놀이는 진화한 게 아니라 다분히 옛 것으로 후퇴한 느낌이 든다. 세상일이 다 그렇기는 하지만.

화, 내?
말어?

잠결에 잔뜩 겁먹은 딸아이의 목소리를 들었다. "엄마, 부엌 쪽에서 달그락거리는 소리가 들려. 도둑 들었나 봐." 나도 화들짝 놀라 "응, 뭐라고? 도둑?" 하면서 정말 사람이 집에 들어왔는지 가만 귀를 기울였다. 소리의 진원지는 위층이다. 위층의 네다섯 살 꼬마가 야밤에 야단법석을 떤다. 뛰어다니는 것 같기도 하고, 단단한 공 같은 것을 굴리는 것 같기도 하고, 무언가를 타며 노는 것 같기도 했다. 위층 소음이 잠자는 집 아래층으로 고스란히 전해져 마치 식구들이 잠자는 안방 바깥에서 나는 소리 같기도 했다. 잠자던 아이가 도둑이 든 것으로 오인할 만했다. 밤인 데다가 신경이 곤두선 바람에 체감 소음이 장난이 아니었다. 자다가 일어난 터라 상당히 분하고 억울했다. 시계를 보니 밤 11시가 조금 넘었다.

우리 가족 취침시간은 밤 10시 전후다. 아이들 방학 때는 조금 들쑥날쑥하지만 취침 시간이 아주 늦어지는 일은 없다. 작은 아이는 제 곁에 엄마가 있어야 잠자리에 들려 하기 때문에 나는 되도록 아이들과 같은 시간에 잠자리에 든다. 다행히 집에 도둑이 들지 않았다는 것은 확인했지만 자다가 깬 탓에 다시 잠을 청하기가 어려웠다. 위층의 소음도 계속되었다.

　나는 경비실에 인터폰을 하여 위층 소음으로 수면을 방해받고 있으니 자제해줄 것을 부탁했다. 방문은 하지 마시고 인터폰을 넣어달라고 요청했다. 하지만 경비 아저씨가 인터폰을 넣고도 남을 시간인데 위층의 소란은 전혀 수그러들지 않은 것 같았다. 딸아이도 위층 꼬마 녀석을 험담하면서 잠을 이루지 못했다. 밤 12시가 지나서야 그 소란은 싹 가셨다.

　위층 주인이 바뀌기 전에는 우리 집 위층에 사람이 살고 있다는 생각을 잘 안 했다. 문제 될 정도의 소음을 자각한 바가 없어 별 신경을 쓰지 않고 살았다. 그런데 주인이 바뀌고부터 머리 꼭대기에 사람이 살고 있다는 것을 자주 의식하게 된다. 사내아이가 있는 집이니 참아야지 하면서도 그게 이성적으로 해결될 문제가 아님을 절감한다. 위층에서 시끄럽게 굴면 머리가 지끈거린다. 신경이 날카로워진다. 어느 순간에는 정말 참을 수가 없다. 층간 소음 분쟁 기사를 접할 때마다 남의 일이 아니구나, 하는 생각을 한다. 나라고 사건의 당사자가 되지 말라는 법이 없지 않은가. 그날 밤 나는 속을 끓이느라 잠이 편치 않았다.

　엘리베이터에서 위층 꼬마와 부모를 만난 적이 있다. 그럭

저럭 무난하게 세상을 살아가는 선량한 사람들로 보였다. 우리 층 바로 위 숫자 버튼 누르는 것을 보고 위층 사람들이 아닐까 하여 말을 걸었더니 내 예상대로였다. 꼬마 아이가 있는 집의 그 아래층 사람으로서 나는 얼굴 붉히는 일이 없기를 바랐다. 어떻게든 안면을 터서라도 그 횟수를 줄이고 싶었다. 위층에서 시끄럽게 굴어도 아는 얼굴이니 내가 덜 감정적이지 않을까 하는 생각을 했다. 허나 타인에게 무얼 기대한다는 것 자체가 무리가 아닐까. 아이 키우느라 힘드시겠다는 인사성 발언을 한 다음 나는 착한 이웃의 얼굴을 하고 엘리베이터에서 내렸다.

위층 초인종을 누르고 아쉬운 소리를 해야 할 날은 생각보다 일찍 찾아왔다. 우리집 거실의 전등 커버가 하자가 있는 것인지 위층 거실에서 아이가 뛰거나 장난이 심하면 전등에서 유리 부딪히는 소리가 났다. 몹시 귀에 거슬렸다. 유리 커버가 깨질 것 같아 불안하기도 했다. 위층 여자에게 사정을 얘기하고 거실 전등이 자리한 위치에서는 아이가 뛰지 않았으면 좋겠다고 부탁을 했다. 위층 여자는 정말 미안하다며 잘 알겠다는 답변을 줬다.

이후는 소음이 너무 장시간 계속되거나 야밤에 지나칠 정도로 시끄럽다 싶으면 인터폰을 사용하여 "아래층에도 사람이 살고 있습니다." "잠 좀 잡시다." 등으로 소음을 자제해줄 것을 요구했다. 그럴 때마다 돌아오는 말은 미안하다는 것인데 시간이 갈수록 진정성은 없어 보였다. 아이를 못 뛰게 하라는 말이 아니다. 뛰는 횟수, 강도, 시간을 조절해달라는 건데 위층 여자는 아래층 여자의 뜻을 잘못 이해하는 듯했다. 어느 날은 인터폰을 해도 받지를 않는다. 아예 무시 작전을 펼치기로 한 모양이다. 나도 직접 상대하지 않기로 맘을 먹었다.

『화내는 기술』(나카지마 요시미치 지음)은 제목에 드러난 그대로 '화내는 기술'을 알려주는 책이다. 화는 미움, 슬픔 등처럼 인간의 자연스러운 감정이기는 하나 '표출'이라는 행동과 이어지는 감정이다. 화내는 기술에는 방법과 단계가 있으니 그것을 익혀 화를 효과적으로 전달하자는 것이다.

살다 보면 화나는 일들을 자주 겪게 된다. 개인적으로 사회적으로 화를 부추기는 일들로 넘쳐난다. 사람들은 사회적으로 공인된 분노에는 목소리를 높이면서 개인적인 분노는 참을 것을 요구한다. 올바른 시민으로서 사회적인 분노에 동참하는 것은 당연시하면서 개인적인 분노를 표출하면 점잖지 못한 일로 치부하는 경향이 있다. 하지만 저자는 현대인의 문제를 개인적 '화의 박탈'에서 찾는다. 그래서 "남들의 시선을 신경 쓰느라 자신의 감정 표현조차 제대로 하지 못하는 현대인들이 좀 더 자신의 감정에 충실하기를 바라는 의미에서 '화'의 철학을 알려주고자" 한다.

화내는 기술에는 화를 '느끼고' '키우고' '표현하고' '전하고' '받아들이고' '즐기는' 과정이 두루 포함된다. 화가 나면 불쾌감을 받아들이면서 몸으로 실천해야 한다. 이런저런 고민을 하며 효과적인 화 분출 방법을 연구하면서 화를 키워나가야 한다. 화는 키우되, 연소를 막기 위해서는 화에 정확한 표현을 부여해야 한다. "어떤 사람으로부터 모욕적인 일을 당했을 경우, 상대방이 한 말이나 시선, 태도 등을 정확히 기억해 두었다가 정밀하고 치밀하게 언어화한다." 여기에는 상당한 수준의 관찰력과 긴장감이 요구된다. 어떤 방법으로든 자신의 분노는 상대에게 알려야 한다. 화를 전달할 때에는 다분히 연극적일 필요가 있다. 분노의 감정을 그대로 드러내서는 안 된다는 뜻이다. 화는 직접 전해야 하며, 좀더 세련되게 전하고자 할 때에는 준 언어를 활용하는 것이 좋다. 준 언어란 '응' '아하' 등의 응수나 어조, 말과 말 사이의 간격을 말한다. 한마디로 "분노에 찬 어조로 냉정히 자신의 분노를 전달하는 것이 효과적이다."

잠을 설친 탓에 아침까지 나쁜 감정은 사라지지 않았다. 어떻게든 아래층 사람이 화가 났다는 것을 위층에 전하고 싶었다. 다른 한 편으로는 '그러면 뭐하나? 달라질 게 없을 텐데' 하는 체념조의 목소리가 불쑥 끼어들었다. 아침부터 남의 집을 찾아가 인상 구겨가며 혼자 열을 올리는 일도 꼴불견이다. "분노를 전달하는 일은 절대 즐겁고 화기애애하게 할 수 있는 일이 아니다."

엉덩이에 뿔난 망아지 같은 꼬마가 있는 집이니 밤늦게 그럴 수 있지 않은가. 내가 민감하게 반응한 것은 아닌지를 되물었다. 상식적인 것을 요구하는 일조차 힘들어진 세상이 아니던가. "자신이 직접 겪은 피해에 아무런 분노를 느끼지 않는다면 상당히 위험한 상태다." 하지만 나는 분노에 있어서는 아직 위험 수위는 아닌 모양이다.

나는 저자의 다음 말에 용기를 얻어 위층을 찾기로 마음을 굳혔다. "나는 절대로 당하고 나서 한숨만 쉬고 싶지는 않았다. 상대방에게 어떤 방법으로든 제값을 치르도록 해주고 싶었다." 아이들을 학교에 보내고 나서 나는 숨을 깊게 들이마신 다음 위층 초인종을 눌렀다. 다행히 문을 열어줘서 현관문에 몸을 반쯤 걸치고 찾아온 이유를 설명했다.

어젯밤에는 잠결에 도둑이 든 줄 알고 식구들이 잠에서 깨기까지 했다. 우리 가족은 밤 10시 전후가 취침 시간이니까 밤 10시 넘으면 아이가 소란을 피우는 것을 자제해줬으면 좋겠다, 위층 소음 때문에 자꾸 피해의식을 갖게 되면 사람이 나쁜 마음을 먹게 되지 않겠냐고 했다. 그러자 위층 여자는 생활패턴이 다른데 자기가 왜 아래층 잠자는 시간에 신경을 쓰며 살아야 하느냐, 아래층에서 시끄럽다고 인터폰이 올 때마다 아이에게 야단도 치고 매를 드느라 스트레스가 이만 저만이 아니다, 전에 살던 아파트 아래층은 그런 일이 없었는데 이웃을 잘못 만나 자기네가 피해를 보고 있다. 한창 에너지가 넘친 아이의 팔다리를 묶어놓고 있으라는 것이냐, TV 앞에만 잡아두라는 거냐며 외려 큰소리를 친다. 전혀 예상치 못한 말들을 쏟아놓는 바람에 나는 잠시

할 말을 잃었다.

나는 위층 여자와 반대 방향에서 말꼬리를 잡고 늘어졌다. 아래층이 잠자는 시간이라서가 아니라 생활패턴이 다르니까 조심해야 하고, 생활패턴이 다르더라도 밤 10시가 넘으면 소란을 자제해야 되는 것 아니냐고 했다. 위층 여자 왈, 내가 참 예민하단다. 자기네 위층 소음도 만만치 않지만 자기는 참고 산단다. 공동주택에서는 당연히 참고 살아야 하는 것 아니냐며 나를 아주 이상한 여자 취급한다. 그래, 나는 예민한 사람이다. 예민하니까 소음을 줄여 달라, 위층에서 시끄럽게 굴면 참지 말고 위층에 항의해라, 참으면서 위층과 똑같이 아래층을 괴롭히지 말아라, 그리고 공동주택이니까 조심하면서 살아야지 참고 살아야 하는 것이 아니라며 쓴소리를 하고 내려왔다.

위층과의 앞날이 그리 낙관적이지는 않지만 하고 싶은 말은 쏟아냈으니 속은 후련했다. 그렇지 않았다면 여전히 한숨을 쉬면서 골머리를 앓고 있을 테니 말이다.

"상대방에게 화를 전하려고 생각한다면 자신에 대한 상대방의 화도 정확하게 받아들일 수 있어야 한다." 그렇게 서로 화를 표출하고 이해하면서 문제를 해결해야 한다. 나의 분노를 표출하러 갔다가 되돌아온 위층 여자의 분노에 나는 당혹스러웠다. 감정이 개입되는 일은 사람 꼴을 우습게 만든다. 화내는 기술을 연마하면 나아지려나.

화내는 기술이란 결국 화내지 않는 기술이기도 하다. 화내는 기술을 장기간 훈련하다 보면 화를 자유자재로 표출하는 능력이 생긴다고 한다. "자신의 분노에 말려드는 것이 아니라 냉정하게 화를 차근차근 계산해 가면서 폭발시킬 수 있게 된"다. 나는 화가 나면 심신이 황폐해지는 느낌을 받는다. 따라서 저자의 다음 말에 동의하지 않는다. "화는 인간을 단련시키고, 인생을 더욱 빛나고 풍요롭게 만들어준다." 아마 저자처럼 화를 즐기는 경지에 도달하지 못해 그런 모양이다.

위층 여자의 양육방식과 사고방식이 달라지면 소음에 덜 시달릴 것 같기도 하다. 하지만 그걸 바랄 정도로 나는 꿈이 야무지지 못하다. 단지 얼굴 붉힐 일이 자주 없기를 바랄 뿐이다. 문제가 생기면 경비 아저씨를 통해 내 뜻은 분명하게 전할 생각이다. 인터폰이 갈 때마다 스트레스를 받는다고 하니 아래층 여자가 화가 났다는 것 정도는 알릴 생각이다. 고래 싸움에 새우 등 터진다고 경비 아저씨만 힘들게 생겼다.

고맙습니다, 선생님

딸아이가 초등학교를 졸업했다. 그러고 보니 내가 초등학교를 졸업한 지 30년이 됐다. 30년이라는 세월이 좀체 실감나지 않는다. 부모로서의 자각은 미미하고 졸업한 딸아이와 동년배쯤 된 것 같은 착각을 한다. 한마디로 어른스럽지 못하다. 우리집은 어른과 아이의 구분이 잘 안 된다. 다들 어른 같거나, 다들 애 같다. 세월이 사람을 철들게 하지 않은 모양이다. 맺고 끊은 것을 잘해야 다음 단계로의 이행이 순조로운데 제대로 된 '졸업'을 하지 못한 탓일까. 과거로의 회귀를 자주 한다.

『축 졸업 송언 초등학교』(송언 글·유승하 그림)는 초등학교 졸업을 앞둔 승민이와 송언 선생님의 추억담이자, 제자에게 주는 선생님의 졸업선물이다. '송언 초등학교'는 실제 학교 이름이 아니다. 송언 선생님을 지칭하는 '인간학교'다. 작가의 이름을 내세운 책제목이 눈에 거슬린다. 실명을 굳이 거론해야 했을까.

승민이가 다른 아이들과 달리 송언 선생님에게 애착을 가진 데에는 까닭이 있다. 1학년이 끝나갈 무렵 담임선생님이 학교에 와서 만난 첫 번째 제자이니 오래오래 잊지 말자고 한 것이다. "날마다 찾아가지 않으면 금방 잊게 되잖아요." 승민이는 학년이 바뀌어도 1학년 때의 담임선생님을 꾸준히 찾아다니고 선생님이 전근을 간 후에는 메일로 소식을 주고받는다. 자기 반 담임선생님이 되어 달라거나 전근을 가지 말라는 아이의 행동을 보고 있으면 선생님과 이별하지 못한 마음이 엿보인다. 초등학교 졸업을 계기로 아이는 인생의 한 시기를 잘 마무리할 터이다.

이 동화의 독후 소감은 한마디로 "늙은 교사가 주책이군."이다. 그렇다 하더라도 승민이에게 이런 교사가 있다는 것은 얼마나 다행스러운 일인가. 역으로 승민이 같은 제자를 둔 선생님은 얼마나 흐뭇할 것인가. 신뢰와 온정이 오가는 사제지간이니 말이다.

나는 초등학교 4학년 담임선생님을 쉽게 잊지 못한다. 학교 근처에다 살림을 차린 그녀는 결코 아이들을 좋아하는 타입은 아니었다. 신경질적이고 감정적인 사람이었다. 언젠가는 걸음마도 떼지 못한 아이를 업고 출근했다. 시어머니와의 불화로 아이를 맡기지 못한 것 같았다. 지금 같으면 여교사가 육아 문제로 얼마나 난감한 처지에 놓일 수 있는지를 조금은 이해할 것도 같다. 눈치껏 알아서 기어야 한다는 생각밖에 없었다. 그녀는 학생이 시어머니이기라도 한 듯 감정 풀이를 해댔다. 학생들에게 소리를 지르거나 폭력을 휘둘렀다. 무슨 이유에서인지 모르지만, 나도 귀싸대기를 몇 대 얻어맞은 기억이 있다.

학생은 선생님을 존경하고 선생님은 학생을 존중하는 교실 분위기가 조성되면 학교 다니는 일이 그리 싫지는 않을 것이다. 공공연하게 '교실 붕괴'가 이야기되는 마당에 학교에다 무얼 기대하기가 더욱 어렵게 되었다.

딸아이의 졸업 성적은 좋지 않다. 마음을 주고받은 친구 하나 얻지 못했고, 담임선생님과도 유감스러운 일이 많았다. 무리의 반 아이들로부터 입에 담지 못할 욕설을 듣기도 했다. 그럴 때마다 아이는 무대응의 무시 작전을 펼쳤다. 아이의 대응법이 미치고 날뛰는 것보다 고단수라는 것을 나중에 알았다. 다 커가는 과정이라고 치부하기에는 아이들 세상이 지나치게 난폭하다는 느낌을 받는다. 딸아이가 등교거부를 보일 때면 안 다녀도 좋다고 큰소리는 쳤지만, 달리 방안이 있었던 것도 아니다.

학교생활을 힘들게 보내서 딸아이는 학교에 별 미련이 없을 줄 알았다. 그런데 졸업식이 끝난 날, 저녁을 먹고 아이가 졸업앨범을 들여다보면서 벌써 추억에 잠긴 듯한 말을 툭툭 내뱉었다. 목소리에 그리움과 아쉬움이 묻어났다. 졸업앨범에서 아이는 결코 편해 보이지 않는다. 듣던 그대로의 학교생활이 눈에 보이는 듯했다. 하지만 그게 전부는 아니었던 모양이다. 아이의 기억에 남을 만한 비밀스러운 이야기도 있는 듯하고, 반 아이들과 섞이지는 못했지만 나름 추억거리도 만든 듯했다. 졸업식의 대미는 잠자리에서 베갯잇이 흥건하게 젖도록 훌쩍이는 것으로 끝났다.

훌쩍이는 아이가 안쓰러워 다 잘 될 거라는 빈말을 던지며 등을 토닥였다. 덩달아 나도 조금 우울해졌다. 학교 졸업이 아니더라도 살다가 맞이하는 다양한 형식의 졸업은 사람을 우수에 젖게 한다. 좋든 싫든, 이제 그곳에 두 번 다시 돌아갈 수 없는 상황을 맞이한 것이다. 내게 졸업은 새로운 세계로의 출발이 아니라 문자 그대로 익숙한 세계와의 절연에 가깝다. 홀가분함보다는 애상적 분위기에 잠기게 하는 단어다. 교과서가 지대한 영향을 미친 시절에 학교를 다닌 나는 알퐁스 도데의 『별』에서 졸업의 감상적인 분위기를 느끼곤 한다. 양치기 소년이 주인 아가씨를 보내는 그 심정이 된다. 가슴속으로 돌멩이가 떨어지는 듯 쓰라리다. 떠나보내야 하는 것들은 연정과는 무관한 일이라도 연정에 가까운 감정을 불러들인다. 졸업에서 유달리 상실감을 겪는 것은 그 까닭이 아닐까.

하이타니 겐지로의 『나는 선생님이 좋아요』는 문제아와 장애아까지 사랑으로 감싸는 선생님의 헌신적인 노력이 돋보이는 작품이다. "세상에 이런 선생님이 어디 있어?" 처음 읽을 때 고

다니 선생님의 순수성을 의심했다. 의사의 외동딸로 곱게 자란 초임 여선생님의 말투와 행동에도 왠지 정이 가지 않았다. 요즘 말로 '손발이 오그라드는' 느낌이었다.

작중 인물의 경험을 통해 어떤 식으로든 삶의 가치와 통찰을 얻어낸다는 점은 지나치게 경험주의를 옹호하는 것 같아 심기가 불편하기도 했다. "하나의 시련을 극복했을 때 비로소 인간적으로 성장한다." 과연 그럴까. 부정할 수 없는 진실이지만 인간의 경험은 그리 대단한 성찰을 가져다주지 않는다. 작품의 현실과 달리, 독자의 현실은 비루하다.

이번에는 어쩐 일인지 이 작품에 몰입이 잘 된다. 인간의 저항정신을 몸소 실천한 이 신출내기 여선생님에게 응원을 아끼지 않았다. 인간이 아름답게 존재하기 위해서는 저항정신을 잃지 말아야 함을 교육철학 내지는 인생관으로 받아들이면서 이를 실천하기 위해 아이들에게 헌신하는 교사의 모습은 성스럽기까지 하다.

전에는 현실과 괴리감이 느껴져 감동이 덜했지만, 지금은 작품에서나마 이런 교사를 만날 수 있다는 것이 얼마나 다행스러운 일인가 싶다. 교사들은 학생들을 이해한다고 말하지만, 그 마음을 진심으로 헤아리려 하지 않는다. 현실적으로 고다니 선생님 같은 분을 만난다는 것은 거의 불가능한 일이다. 하지만 작품에서 훌륭한 교사를 만나 가슴 찡한 감동을 맛보고 그런 교사상을 현실에서 꿈꿔보는 것도 그리 나쁘지 않다는 생각이다.

이 작품의 원제는 『토끼 눈兎の眼』이다. "토끼 눈"은 고다니 선생님이 다니는 사이다이 절의 선재동자의 눈에서 따온 것이다. "선재동자는 변함없이 아름다운 눈을 하고 있었다. 사람의 눈이라기보다 토끼의 눈이었다. 기원이 담긴 듯, 생각에 잠긴 듯 그윽한 빛을 띠고 다정하게 바라보고 있었다." 고다니 선생님은 선재동자의 다정한 눈빛을 소망한다. 선재동자의 아름다운 눈이 상징하는 바는 고다니 선생님, 아다치 선생님, 바쿠 할아버지의 삶을 통해 저항정신, 휴머니즘, 인간의 고귀함 등으로 귀결된다.

데쓰조는 글도 모르고 친구도 없이 지저분한 쓰레기장 근처에서 할아버지와 단둘이 사는 아이다. 고다니 선생님은 그런 데쓰조가 파리를 기른다는 것을 알고부터 수업이 끝나면 데쓰조 집에서 같이 파리를 공부하는 열성을 보인다. 그 결과 데쓰조는 나중에 '파리박사'라는 별명을 얻게 된다. 고다니 선생님이 장애아 미나코를 떠맡은 것은 자신의 인생을 바꿀 작정으로 시작하는 '기원'과도 같다. "고다니 선생님은 나무라지 않는다. 웃음도 거두지 않는다. 고다니 선생님은 미나코를 맡을 때 스스로 맹세한 것이 있었다. 반드시 끝까지 보살펴 주기, 아무한테도 절대 불평하지 않기."

괴짜 선생님으로 통하는 아다치 선생님은 쓰레기 처리장 이전 문제에서 주민들의 의견이 무시되자 저항의 표시로 단식에 돌입하는 교사다. 그가 보기에 인간은 모두 다 똑같은 존재다. "우리는 지능이 낮은 사람들을 장애자라고 부르지만, 마음에 괴로움을 가지고 있는 것으로 따지면 우리도 역시 똑같은 장애자입니다." 단식 중 그가 아이들에게 들려주는 이야기는 산 자와 죽은 자와의 관계, 올바른 삶의 자세 등을 돌아보게 한다. "우리는 모두 남의 목숨을 먹고 살고 있단다. 전쟁에 반대하다 죽은 사람들 목숨을 말이야. 아무렇지 않게 그것을 먹고 있는 사람도 있고 괴로워하면서 먹고 있는 사람도 있어."

조선인 김용생과의 불행한 우정을 가슴의 회한으로 간직한 채 살아가는 바쿠 할아버지는 쓰레기 처리장에서 일하는 노역부다. 그는 손자 데쓰조가 파리를 키울 수밖에 없는 이유를 다음과 같이 설명한다. "이 녀석은 쓰레기가 모이는 여기밖에 모르고, 여기는 구더기나 하루살이, 그리고 기껏해야 파리밖에 없는 뎁니다. 데쓰조가 파리를 기르는 건 당연하다고 생각했어요. (중략) 이 아이도 사람의 자식이니까 사람 친구가 있었으면 싶은 거예요. 데쓰조는 어엿한 사람의 자식입니다." 쓰레기 처리장 이전 문제로 불거진 공무원과의 마찰에서 할아버지는 '저항'의 의미를 조금 남달리 해석한다. 제 뜻을 관철시키고자 남에게 피해를 줘서는 안 된다는 의미로 말이다. "당장 사람들이 곤란을 겪게 될 일은 하지 말자고, 아무리 괴롭더라도 끝까지 일을 하자고, 그것이 저항이라고 말입니다."

나의 초등학교 졸업반 선생님은 첫 부임을 받고 온 신출내기 여선생님이었다. 지극 정성으로 열심히 가르치는 모습이 어린 눈에도 보기 좋았다. 무엇보다 선생님은 아이들을 편애하지 않으려고 애쓰셨다. 선생님은 고다니 선생님이 경멸해 마지않는 "아이들이란 그저 다치지 않게 잘 지키기만 하면 된다."고 생각하는 분은 아니었다. 때문에 졸업반 우리 교실은 늘 시끄러웠고 크고 작은 사건이 잦았다. 광주항쟁이 일어난 이후 시국이 혼란스러워서 선생님은 교생실습도 하지 못한 채 우리를 가르쳤던 게 미안하다고 훗날 말씀하셨다. 선생님은 내 결혼식에 참석하여 덕담을 주셨고, 남편의 장례식장에는 차마 오시지 못하고 애도를 표해주셨다.

『고맙습니다, 선생님』(패트리샤 폴라코 글·그림)은 초등학교 졸업반 선생님을 생각나게 하는 그림책이다. 폴커 선생님처럼 한 아이의 인생을 바꿀 만한 대단한 영향력을 끼치지는 못했을지라도 선생님이 내게 베풀어주신 온정은 그에 못지않은 것이었다. 나는 선생님의 따뜻한 마음에 몸 둘 바를 모르겠다. "고맙습니다. 선생님."

딸아이 학교 교장선생님은 졸업식 축사에서 졸업생들에게 꿈을 가질 것을 당부했다. 그런데 그 꿈이 돈과 연관된 점에서 지극히 현실적이다. 미래의 자신에 가격을 매겨서 그 가격의 사람이 되기 위해 매진하란다. 자신에게 매긴 가격이 자신의 가치라는 논리다. 돈 싫어하는 사람 없다는 것 알고는 있지만, 자라는 아이들의 미래를 돈으로 환산하는 학교장의 축사가 나는 당혹스럽다.

30년 전, 나는 나의 가격을 얼마로 매겼을까. 주부로 살고 있는 나는 턱없이 모자란 가격을 매긴 것일까, 넘친 가격을 매긴 것일까. 졸업 시즌에 고맙고 그리운 선생님들을 떠올려본다.

재회

 엄마의 독서는 주로 아이의 눈높이에 맞춰진다. 그러니 아이가 성장함에 따라 엄마가 찾는 책도 자연 달라지기 마련이다. 나의 경우도 그렇다. 아이가 유아일 때는 그림책을 주로 읽었고, 아이가 초등학교에 들어가자 그림책에 동화를 곁들여 읽었다. '청소년문학'이라는 타이틀의 작품은 아이가 초등학교 고학년이 되자 관심을 두기도 했지만, 순전히 내 자신을 위해 읽었다.

 시게마쓰 기요시의 작품은 그 중 하나에 속한다. 그는 "왕따, 비행 청소년, 꿈을 잃은 중년 등 청소년이나 어른들이 겪는 일상적인 사건들을 소재로, 현대인의 일그러진 아픔과 복잡 미묘한 심리를 예리하게 짚어내는 작가"로 평가받고 있다.『안녕, 기요시코』,『말더듬이 선생님』,『졸업』,『친구가 되기 5분 전』등을 읽으면서 나는 이 작가가 좋아졌다. 작가보다 제목이 눈에 들어와 집어든 책은『재회』이다. 2011년 6월, 남편 앞으로 배달된 책 박스를 정리하면서 나는 이 책을 처음 만났다. 작가의 이름까지 확인하고 나서는 묘하게 가슴이 요동쳤다. 남편의 병실에서 간병을 하는 짬짬이 책을 읽었다.

남편이 병원에 누워 있을 때에도 출판사에서 책을 꾸준히 보내왔다. 1주일 혹은 2주일 단위로 책 박스가 집으로 배달되었다. 남편의 원고가 여러 매체에 실릴 때에 비하면 턱없이 적은 분량이었지만, 주인 없는 집에서 책 박스는 거실에서 현관의 신발장까지 자리를 잡아갔다. 책을 정리할 엄두가 나지 않았다. 남편이 드러누운 마당에 책이 다 무슨 소용이란 말인가. 책 박스를 쳐다보기조차 싫었다. 만사가 귀찮았다. 하지만 생각을 고쳐먹었다. 머지않아 남편 앞으로 책이 배달되는 일도 없으리라…. 책 박스의 신간 도서를 정리하면서 내 입에서는 울먹임에 가까운 소리가 새어나왔다. "이 책을 다 어쩌라고, 나에게 어쩌자고…."

원고 마감으로 바쁜 경황 중에도 남편은 배달된 책은 손수 정리했다. 그는 책을 대충 정리하는 법이 없었다. 옆에서 지켜보고 있노라면 답답할 정도였다. 나 같으면 박스의 책을 한꺼번에 쏟아서 후딱 해치우고 말 것 같은데 지극정성을 들였다. 생각해보면 그의 방식이 옳았다. 출판평론가가 책에 애정을 쏟지 않는다면 누가 그리하랴. 좋은 책과 그렇지 못한 책을 식별하는 '감별사'로서 그가 신간도서를 깍듯이 대하는 것은 당연지사. 남편은 박스를 두른 노란 노끈을 잘라내고 박스에 붙은 테이프를 일일이 떼어낸다. 그는 재활용이 가능한 쓰레기를 지나치게 알뜰히 분리하는 사람이다. 누런 봉투에서 책을 꺼내 책제목과 저자 그리고 출판사를 확인한다. 책등을 쓰다듬으며 목차를 훑어가면서, 신간으로 소개할 만한 책을 슈아낸다.

남편이 책을 정리하는 날이면 나와 아이들은 배달된 책을 얼른 보고 싶은 마음에 남편 주변을 서성인다. "아빠, 어린이책은 안 왔어요?" 아이들이 보챈다. "여보, 내가 읽을 만한 책은 없어요?" 아내의 재촉이다. 식구들이 독촉하기 전에 책을 챙겨주기도 했지만, 대개는 조금 단호한 어조로 기다리라고, 어련히 안 챙겨주냐고 핀잔을 줬다. 그는 매사에 느긋했다.

출판사가 보내준 책 소개 글은 자료로서 가치는 거의 없었고, 오는 즉시 재활용지로 분류됐다. 남편은 책 소개 글에서 호치키스 심을 제거한 후 그것들을 무거운 책으로 며칠 눌러놓는다. 쭉 펴진 이면지에다 남편은 원고를 프린트하고, 아이들은 그림을 그리거나 글자를 썼다. 누런 봉투도 제법 쓸모가 있어 아이들이 어릴 적에는 그림을 그리거나 만들기를 했다. 우편으로 책을 보낼 때에도 사용했다. 집에는 아직도 남편이 준비해놓은 이면지가 쌓여 있다. 남편의 수고와 정성이 담긴 이면지를 그가 생존했을 때처럼 우리 가족은 여전히 알뜰하게 사용하고 있다.

『재회』는 외롭고 슬픈 사람들을 다룬 단편모음집이다. '재회'는 여섯 단편의 모티브이자 주제이다. 단편들의 인물 또는 화자는 어떤 식으로든 과거에 헤어진 사람들과 다시 만나는 행운을 누린다. 그들은 죽음에 임박해 있거나(「허풍쟁이 삼촌」), 이미 고인이 되었거나(「Long Long Ago」), 조만간 만날 조짐을 보이거나 (「인생은 브래지어 위를」), 실제로 만나기도 한다(「영원」). 재회가 타인과의 만남만을 의미하지 않는다는 점에서, 성인 화자가 초등학교 시절을 반추하면서 상처받은 어린 자아를 보듬은 「찰리에게」도 '재회'로 받아들일 수 있겠다. 부모의 계층 차이가 아이들 사이의 진정한 우정을 방해하는 「좋은 거 줄게」는 시간상 가장 가까운 재회라 하겠다. '공주'로 받들어지던 백화점 주인의 딸 미치코가 백화점이 망하는 바람에 전학을 가는 상황에서 간발의 차로 기차역에서 친구와 조우한다는 점이 그렇다. 재회를 모티브로 하는 단편들은 가족애를 다루는 「허풍쟁이 삼촌」을 제외하면 다섯 작품 공히 친구 간의 우정과 사랑을 그린다.

『재회』는 작가의 이전 작품 『졸업』의 연장선에 있는 작품이다. 인생의 어느 시점을 마무리한다는 점에서 '졸업'은 임종을 앞둔 사람과는 영원한 작별의식이 된다. 졸업을 하면서 재회를 하기도 하지만, 재회하여 과거에 갈무리하지 못한 마음에 졸업을 고하기도 한다. 졸업과 재회는 문맥상 동일한 의미로 받아들여지기도 한다. 『졸업』의 「행진곡」은 『재회』의 「인생은 브래지어 위를」, 「찰리에게」와 비슷한 유형 또는 처지에 있는 인물들의 이야기이다. 어릴 때는 이해할 수 없었던 타인의 삶이 화자 자신도 그와 같은 처지에 놓이자 삶의 속성을 조금씩 들여다보기 시작한다. 평탄치 못한 생을 살아온 인물이 겪었을 아픔과 고통을 이해하게 된다. 『졸업』의 「행진곡」은 임종을 앞둔 이를 통해서 가족이 재회하게 되고 그 과정에서 화해가 이뤄진다는 점에서 『재회』의 「허풍쟁이 삼촌」과도 비슷한 작품이다.

『재회』의 표제작은 작품집에 없지만, 표제에 가장 합당한 작품은 첫 작품 「좋은 거 줄게」와, 마지막 작품 「Long Long Ago」이다. 화자를 달리하는 두 작품은 미치코라는 인물을 이야기의 중심에 두면서 서로 '재회'한다. 「좋은 거 줄게」는 미치코의 초등학교 시절의 우정과 이별 이야기이다. 미치코가 전학을 갈 당시 반짝 존재감이 부각되던 세오는 성장하여 「Long Long Ago」에서 미치코를 추억하는 화자로 등장한다.

미치코와 헤어진 지 20년이 흐른 시점에서 세오는 친척의 연줄로 관리직 수습으로 입사하여 첫사랑을 만난 초등학교 공사 현장에서 일하게 된다. 미치코 소식이 궁금하던 차에 세오는 미치코 소식을 알고 있는 초등학교 동창생과 연락이 닿는다. 밤중까지 이어지는 공사를 마친 날, 세오는 옛날 미치코가 키우던 고양이와 비슷한 스쿨 고양이를 따라 20년 전과 다를 바 없는 초등학교 6학년 교실에 들르게 된다. 거기에서 언뜻 미치코와 재회의 순간을 맞는다. 오봉날 밤 약속 장소에서 세오는 동창으로부터 미치코가 28세의 나이로 운명을 달리했다는 소식을 전해 듣는다. 죽은 이의 혼이 돌아온다는 오봉날, 두 친구는 다음 해에도 미치코의 혼이 돌아올 수 있도록 강물에 등롱을 실은 배를 띄워 보낸다. "내가 세상에서 태어나 처음으로 좋아했던 여자애는 저 혼자 멀리, 멀리, 옛날로 돌아갔다."

『재회』의 화자들은 유년기를 회상하면서 어릴 적의 소회를 밝힌다. 성인이 된 그들은 유년기를 톺아보면서 어른으로서 어린이를 이해하고자 한다. 어른으로서 어른을 이해하고자 한다. 단편마다 어린이와 어른에 대한 이해와 성찰이 돋보이는 것은 그 때문이리라.

"아무리 초등학생이라고 해도 세상 돌아가는 일이나 자기 주변에서 일어나는 일에 대해서는 대부분 알고 있습니다. 다만, 그 '아는 것'을 잘 설명하지 못할 뿐이죠."(321쪽) "아이들이 성장한다는 것은 자신이 살아가는 세계에 순위를 매기는 일이라는 것"(177쪽), 순위가 매겨지고 나면 친구는 적이 되고 우정은 일회성 소모품으로 전락하고 만다. "우리의 우정은 영원히"라는 우정 예찬도 순위가 매겨지기 전에나 가능한 일이다.

따라서 어른이 돼도 친구를 만나는 일이 더 이상 반갑지 않다. "대학 시절 친구들과도 졸업한 뒤로는 거의 연락을 주고받지 않았다. '너 지금 뭐 하냐?'라는 말을 듣는 게 싫어서였다. 솔직히 말하면 두려웠다. 그런 말 한마디에 흠칫거리며 벌벌 떠는 인생을 보내게 될 줄이야. 초등학교 시절에는 꿈에서조차 생각 못 했던 일이다."(380쪽)

어린 시절을 경험하고도 어른들은 어린이의 세계를 전혀 이해하지 못한다. 그런 어른은 책망을 받아 마땅하다. "어떻게 어른들은 자신이 아이였던 시절을 새까맣게 잊어버릴 수 있는 걸까요? 그리고 때때로 아이들이 아주 슬프고 불행해진다는 사실을 왜 전혀 이해하지 못하게 되는 걸까요?"(『하늘을 나는 교실』, 에리히 캐스트너) 하지만 어른이 되고 보니 어른에게도 나름의 고초가 있다. "'자신의 개성을 소중히 여기세요.'라고 말해 주는 사람은 없다. 어린 시절에는 허용됐던 개성의 폭이 어른이 되면 왜 갑자기 좁아지는 것일까. 잘해 나가는 사람과 그렇지 못한 사람, 어른에게는 왜 그 두 종류밖에 없는 것일까."(393쪽)

가끔은 이것 아니면 저것 식으로 명쾌하게 답이 떨어지면 좋겠다는 생각을 한다. 하지만 인생이 어디 나눗셈의 '몫'으로만 떨어지던가. "어른이 된다는 것은 '나머지'가 생기지 않는 나눗셈법을 터득하게 되는 게 아니라 '나머지'를 쌓아 두는 창고가 넓어지는 것"이다.(145쪽) 처치 곤란한 나머지가 쌓인다고 한탄하지 말고 때로는 수긍하기 힘든 인생사를 '운'으로 돌리는 것도 인생살이의 지혜가 될 수 있으리라. "'운이 나쁘다'는 표현을 싫어하지는 않습니다. 어떤 일에 실패한 사람, 일이 잘 풀리지 않

는 사람을 감싸 주는 따뜻한 발상이라고 생각하니까요." (358쪽)

병상의 남편 곁에서 '재회'라는 의미에 포박돼 책을 읽었지만 읽고 난 느낌은 참으로 쓸쓸했다. 「허풍쟁이 삼촌」의 삼촌이 '나'의 결혼식장에서 술에 취해 인사불성이 돼 "죽으면 안 돼. 정말로 죽으면 안 돼……"라고 울부짖듯, 나 역시 남편을 붙들고 그렇게 통곡이라도 하고 싶었다.

그러나 인생의 '몫'이 아닌 '나머지'는 사람 소관 밖의 일일 것이다. 「Long Long Ago」의 세오가 첫사랑 미치코의 길지 않은 인생을 추억하며 "슬픈 일이 더 많은 인생이었다고 해도 삶의 보람을 느끼는 인생을 살다가 눈을 감았노라"라고 믿고 싶어 하듯, 나 역시 남편의 생이 그러했을 거라고 믿고 싶다.

책만 두고 떠나버린 사람에게 "어쩌자고, 어쩌자고." 하며 장탄식을 했지만, 결국 남편이 남긴 장서는 나의 밥벌이가 돼주고, 아빠를 잃은 아이들의 상실감을 덜어주고 있다. 가족들에게 살 길을 책에서 찾으란 의미로, 그는 이 많은 장서를 남기고 갔는지도 모르겠다.

하이타니 겐지로의 『태양의 아이』에는 세상은 살아 있는 사람만의 것은 아니며, "살아 있는 사람들 속에 죽은 사람들도 함께 살고 있어서 인간은 따뜻하고 착한 마음을 가질 수 있다"라는 구절이 나온다. 이 힘난한 세상에서 내가 그나마 '착하게' 살려 하는 것은 내 곁에서 남편도 함께 살아가고 있기 때문이리라. 재회, 참 좋은 말이다.

아빠에게 편지 쓰기

아이들은 가족의 죽음을 어떻게 받아들일까. 아이들의 머릿속을 직접 들여다볼 수 없으니 그에 대한 세세한 내막은 알 길이 없다. 하지만 어린아이일수록 죽음을 대하는 어른의 태도에 영향을 받는 것은 분명해 보인다. 남편은 둘째 아이가 초등학교 1학년일 때 세상을 떴다. 녀석은 아빠를 무척 따랐다. 레고 조립부터 이런저런 놀이를 고안하여 친구처럼 놀아주는 아빠를 싫어할 아이는 없을 것이다. 그런 아빠가 어느 순간부터 달라져 전과 다른 모습을 보이니 아이는 겁을 먹고 침울해했다. 그 나이의 아이에게 죽음에 대한 관념은 없을지 몰라도 아이는 아빠가 죽게 되면 다시는 볼 수 없다는 사실 정도는 알고 있는 듯했다.

　나는 생명의 나고 죽음을 자연의 섭리로 받아들인다. 사람이라고 이 자연의 이치에서 예외라고 생각하지 않는다. 죽으면 모두 자연으로 돌아간다고 생각한다. 육신은 자연의 품으로 돌아가도 육신을 떠난 영적 에너지는 여전히 우리 곁에 남아 있으리라는 믿음은 갖고 있다. 존재하지 않을지라도 존재한다고 믿고 싶은 거다.

아이가 아빠 때문에 힘들어할 때 나는 아이가 이해하기 쉬운 곤충을 예로 들어 죽음이 어떤 것인지 설명했다. 아이는 한때 곤충에 애착을 보였고 죽어나가는 곤충도 꽤 보아온 터였다. 죽은 곤충을 보고는 속상해서 울먹이기도 여러 번이었다. 곤충과 다를 바 없이 사람도 죽는다는 것, 누구나 언제까지 계속 살 수 없다는 것, 사람의 몸이 더는 지탱할 수 없으면 가야 한다는 것, 죽음이 아빠를 우리에게서 데려가지만 나중에는 아빠와의 연결고리가 된다는 사실을 들려줬다.

아이가 엄마의 말을 어디까지 알아들었는지 모르겠다. 흐느껴 울면서 아이는 "그래도 슬퍼, 슬퍼" 했다. 사람에 따라 가족에게 생긴 불행을 어린 자녀에게 비밀로 하기도 하지만 나는 솔직하게 털어놓는 편이다. 숨겨서 해결될 일이 아니라면 아이들도 가족의 불행에 동참하고 그럼으로써 견뎌 이겨내야 한다고 생각한다.

『무릎딱지』(샤를로트 문드리크 글·올리비에 탈레크 그림)는 엄마를 잃은 어린아이가 상실감을 어떻게 극복해가는지를 보여주는 그림책이다. 전체적으로 붉은색을 사용하여 아이의 감정 변화를 잘 포착해냈다. 아이는 죽음이 어떤 것인지를 알고 있지만 엄마와 나눈 마지막 대화에서는 딴청을 부리는 것처럼 보인다. 엄마가 임종에 이르러 이제 영영 떠나게 될 것이라고 하자 아이는 "엄마가 좀 쉰 다음에 돌아오면 된다고, 그때까지 기다릴 거라고" 대답한다. 하지만 아이는 죽음이 "정말로 어쩔 수 없는 일이란 걸", "살아 있지 않는 게 죽음"이란 걸 잘 알고 있다. 거기에 어른들이 아이에게 엄마의 죽음을 감추고 있다는 사실까지. "아무도 나한테 엄마가 살아 있지 않다는 걸 말해 주지 않는다." 어른의 생각과는 달리 아이들은 주변에서 일어난 일들을 잘 알고 있는 것 같다. 다만 표현을 안 할 뿐이지.

　아빠를 잃고 슬픔에 빠진 아이는 아빠에 대한 얘기를 나누고 싶지만 정작 그럴 수가 없다. 죽은 사람의 얘기를 꺼내면 친구들이 불편해하기 때문이다. 소년은 아빠를 잃은 슬픔은 "물이 흐르듯 찔끔찔끔 새어 나가기도 하지만, 이렇게 가슴 속에만 담아 두다가는 언젠가 슬픔의 댐이 한꺼번에 터져 버릴 것 같아 겁이 난다"고 고백한다. 그래서 소년은 어떤 방법으로라도 죽은 아빠 얘기를 털어놓으려고 한다. 고심 끝에 나온 것이 『아빠가 내게 남긴 것』(캐럴 캐릭 글·패디 부머 그림)이다. 이 동화는 11세 소년의 눈을 통해 아빠의 죽음과 그에 따른 고통, 죽음에 대한 공포를 보여주고 있다. 아빠 이야기를 털어놓음으로써 소년은 '슬픔의 댐'이 터지는 것을 막을 수 있었다. 그런 것을 보면 새삼스럽게 이야기가 갖는 힘을 깨닫는다. 자고로 하고 싶은 말을 가슴 속에 묻어두면 병이 생기고 그 병은 가끔 치명적인 이상 행동을 부른다.

『미라가 된 고양이』(재클린 윌슨 글·닉 샤랫 그림)의 베리티는 태어나자마자 엄마를 잃은 소녀다. 소녀는 상대적으로 『아빠가 내게 남긴 것』의 소년보다 상황이 더 나빠 보인다. 소녀는 집안에서 죽은 엄마 얘기를 꺼낼 수가 없다. 소녀의 집안에서 엄마라는 단어는 금기어다. 할머니와 할아버지는 엄마 얘기가 나오면 눈물부터 글썽이고, 아빠는 죽은 엄마를 잊기라도 하려는 듯 일에 미쳐 산다. 엄마의 죽음에 어른들은 저마다 상처가 덧날까봐 마음의 문을 닫아버린 것이다. 소년이 동화에서 죽은 아빠 얘기를 털어놓듯, 소녀는 엄마가 한때 기르던 고양이 메이블에게 기억에도 없는 엄마 얘기를 들려준다. 그럼으로써 엄마의 빈자리를 채우고 그리움을 쌓아가며 둘만의 비밀을 만들어간다. 그러나 소녀와 고양이의 우정은 오래 지속되지 못한다.

『미라가 된 고양이』는 고대 이집트인의 소박한 부활신앙에 고양이 미라를 접목시킨 다소 기괴한 느낌을 주는 동화다. 책 제목만 보고 미라가 된 고양이의 환상 모험을 다룬 판타지인 줄 알았다. 실제로는 어린아이가 겪는 상실감과 죽음을 다루고 있는 내용이라 동화가 무겁고 어둡다.

베리티는 고대 이집트 수업시간에 이집트 사람들이 고양이를 귀하게 여겨 고양이 여신 바스테트를 신전에 모신 것을 알게 된다. 베리티는 고양이 여신에게 며칠째 감감 무소식인 고양이 메이블을 찾아달라고 기도한다. 고양이 여신의 응답은 곧바로 왔다. 옷장 속에서 싸늘한 메이블의 사체를 찾아낸 것이다. 그러나 아이는 가족들에게 고양이가 죽은 사실을 알릴 수가 없다. 벌레들이 우글거리는 더러운 땅속에 엄마처럼 고양이를 묻고 싶지 않기 때문이다.

　엄마를 전혀 기억하지 못한다고 해서 엄마에 대한 원초적인 그리움마저 없는 것은 아닐 것이다. 아무에게도 엄마 얘기를 꺼낼 수 없었으니 아이의 상실감은 치유되지 않은 채 항시적인 것으로 남을 수밖에 없는 노릇이다. 고립된 환경에 놓인 아이는 제 감정조차 왜곡되게 표출한다. 부자연스럽고 자기방어적이다. 엄마 없는 아이의 처지를 동정하는 친구들의 말에 아이는 다음과 같이 내뱉는다. "사실 엄마가 없어도 아무렇지 않다. 엄마를 모르니까 그립지도 않다." 아이는 엄마 무덤에나 가야 슬플 뿐이란다. 소녀는 고양이가 죽은 사실을 인정하지 않으려 한다. 바로 그 지점에서 아이는 고양이 미라를 생각해낸다. 가족들로부터 죽은 고양이라도 지켜보려는 아이의 확고한 의지는 사체에 대한 두려움을 이긴다.

　메이블은 엄마가 기르던 고양이라는 점에서 가족들에게 엄마의 분신과 같은 존재다. 그렇기에 가족들이 메이블에게 쏟은 정성과 애정은 지극할 수밖에 없다. '천수'를 누릴 정도의 나이를 먹은 메이블이지만 아이에게 메이블의 죽음은 더할 나위 없는 고통과 슬픔을 안긴다. 이집트인들은 사람이 죽으면 영혼이 몸을 떠났다가 나중에 다시 돌아온다고 믿었다. 따라서 시신을 보존하는 일이 그들에게는 아주 중요했다. 아이도 고양이의 영혼이 언젠가는 죽은 몸으로 돌아올 것이라는 생각으로 고대 이집트인처럼 고양이 미라를 만든다. 목욕용 라벤더 소금을 방부제 대용으로 쓰고 낡은 침대 시트를 조각내 붕대처럼 감아서 메이블 미라 만들기에 성공한다.

고양이 사체를 미라로 만들어 보관한 이후 아이는 그 사실을 숨기기 위해 가족들에게 거짓말을 둘러댄다. 악몽에 시달리기도 한다. 고양이를 죽음으로부터 보호하려고 필사적으로 노력하지만 아이가 만든 고양이 미라는 미라 시늉만 낸 것이어서 사체가 부패하는 것을 어찌지 못한다. 방에서 나는 사체 썩은 냄새로 아이의 기이한 행동은 결국 들통이 나고, 아빠가 왜 사실대로 말하지 않았냐고 혼을 내자 아이는 다음과 같이 항변한다. "어떻게 말해요? 메이블은 죽어 있었다고요. 누가 죽은 이야기만 나오면 다들 슬퍼하는데다, 죽으면 땅에 묻어야 하는데."

정원에 고양이 무덤을 만들어주면서 베리티 가족은 오랜 '죽음의 잠'에서 깨어난 것처럼 보인다. 마치 가족들이 엄마의 죽음을 받아들이는 데 고양이 메이블의 죽음이 필요하거나 한 것처럼 말이다. 잃은 것이 있으면 얻는 것이 있게 마련이다. "그렇게 오랫동안 네 엄마가 죽은 것만 슬퍼하다니 나는 참 한심했어. 네가 있다는 기쁨도 느끼지 못하고 말이야." 고양이 사건 이후 아빠가 얻은 소중한 깨달음이다. 뒤늦은 감은 있지만 깨닫고 나면 세상은 전과 달라 보인다.

동화는 고통과 상실감은 마음속에 묻어둘 게 아니라 밖으로 드러내서 치유해야 한다는 것을 일러준다. 나도 그렇지만 부모들은 삶의 부정적인 요소가 자녀의 삶에 드리우는 것을 민감하게 받아들인다. 전염성이 강한 삶의 어두운 속성에 자녀가 물들지 않기를 바란다. 못 보고 못 듣게 하려고 의도적으로 차단을 하기도 한다. 아이가 상실감 정도는 훌훌 털어버리고 밝고 꿋꿋하게 살아주길 바란다.

    그러나 상실의 기억을 의식의 저편에 묻어두고 침묵의 분위기에서 자라는 아이는 그에 준하는 일을 당했을 때 사체 또는 죽음 집착증을 보인다는 것을 이 동화는 보여준다. 상실을 상실로 받아들이지 못하고 죽음을 왜곡된 형태로 받아들이게 되는 것이다. 떠난 사람이 남긴 빈자리는 어른뿐만 아니라 아이에게도 치명적이다. 어린아이가 떠나버린 가족이 남긴 빈자리를 잘 채워나가려면 어른의 각별한 보살핌이 필요하다는 것을 동화는 일러준다.

나는 책이 전하는 교훈은 되도록 실천에 옮기고자 하는 쪽이다. 이 동화를 계기로 아이들에게 '아빠에게 편지 쓰기'를 주문했다. 동화에서처럼 '사자^{死者}의 서^{書}'라는 책을 만들어 죽은 자를 기리지는 못할지라도, 너무 오랫동안 아이들의 가슴에 묻어둔 '아빠'라는 단어를 불러보게 했다. 딸아이는 '아빠'를 열다섯 번을 부르고 나서 또 열 번을 불렀다. 그런 다음 "아빠. 우리 찾아올 때는 바람으로라도 와야 해. 아빠 꼭 한번만 와, 응?" 하고 적었다. 아들 녀석은 "아빠, 잘 지내고 있죠? 저도 잘 지내고 있어요."로 편지를 시작했다.

다음날 잠에서 깨어난 딸아이의 얼굴이 조금 심란해 보였다. 뭔가 걱정스럽다는 눈빛이다. 아이는 아빠한테 바람으로라도 오라고 한 어젯밤 편지를 물리고 싶단다. 목욕을 하거나 옷을 갈아입을 때 아빠가 바람으로 와서 자기를 본다면 창피할 것 같다고. 싱거운 녀석. 나는 딸아이 말이 어이없어 그만 피식 웃고 말았다.

참고 도서

1장 애도하는 여인

애도하는 여인
애도 베레나 카스트 지음, 채기화 옮김, 궁리, 2007

아이를 키운다는 것
한 권의 책 최성일 지음, 연암서가, 2011
아이 키우기는 가난이 더 좋다 서원희 지음, 내일을여는책, 2000
나비를 잡는 아버지 현덕 지음, 원종찬 엮음, 창비, 2009

'나비를 잡는 아버지'의 변명
잠자리채는 집에 놔둬! 김황용 글·김선미 그림, 리젬, 2008

'순옥'과 눈다래끼
눈 다래끼 팔아요 이춘희 글·신민재 그림, 임재해 감수, 언어세상, 2005

엄마는 복도에서 벌 받는 중
일학년이 된 엄마와 아빠 베키 블룸 글·그림, 노경실 옮김, 계림북스쿨, 2000

우리 가족이 '비빔툰'의 애독자가 된 사연

비빔툰(전9권) 홍승우 지음, 한겨레출판사·문학과지성사, 2000~2012
부모자격시험문제 한효석 지음, 홍승우 그림, 옹기장이, 2006
다운이 가족의 생생탐사(전3권) 김원섭·신방실 지음, 홍승우 그림, 동아사이언스, 2006
빅뱅스쿨(출간중), 홍승우·전상운 지음, 사이언스북스, 2008~

가족이라는 이름으로

김성동 천자문 金聖東 千字文 김성동 지음, 청년사, 2003
어느 인문주의자의 과학책 읽기 최성일 지음, 연암서가, 2011

삶의 무게를 더한 그림책

아버지와 딸 미카엘 듀독 데 위트 글·그림, 노경실 옮김, 새터, 2004
언젠가 너도 앨리슨 맥기 글·피터 H. 레이놀즈 그림, 김경연 옮김, 문학동네어린이, 2007
세상에 태어난 아이 사노 요코 글·그림, 임은정 옮김, 프로메테우스, 2004
100만 번 산 고양이 사노 요코 글·그림, 김난주 옮김, 비룡소, 2002
어린이는 어떻게 어른이 되는가 프랑소와즈 돌토 지음, 표원경 옮김, 숲, 2004
세상에서 가장 멋진 장례식 울프 닐슨 글·에바 에릭손 그림, 임정희 옮김, 시공주니어, 2008
잘 가요, 코끼리 할아버지! 로랑스 부르기뇽 글·발레리 되르 그림, 차현인 옮김, 토마토하우스, 2004
내 동생은 어느 별에 살고 있을까 릴리아네 슈타이너 글·그림, 김완균 옮김, 주니어김영사, 2003

도서관에서 생긴 일

맑은 날엔 도서관에 가자 미도리카와 세이지 글·미야지마 야스코 그림, 햇살과나무꾼 옮김, 책과콩나무, 2009

아낌없이 주는 나무를 다시 생각하다

나무는 좋다 재니스 메이 우드리 글·마르크 시몽 그림, 강무홍 옮김, 시공주니어, 1997년
아낌없이 주는 나무 쉘 실버스타인 글·그림, 이재명 옮김, 시공주니어, 2000
두고 보자! 커다란 나무 사노 요코 글·그림, 이선아 옮김, 시공주니어, 2004
길 잃은 도토리 마쓰나리 마리코 글·그림, 고향옥 옮김, 청어람미디어, 2007
선인장 호텔 브렌다 기버슨 글·메건 로이드 그림, 이명희 옮김, 마루벌, 1995

2장 사별의 고통과 슬픔

깜냥껏 친구를 사귀는 아이들
얼굴 빨개지는 아이 장 자끄 상뻬 글·그림, 별천지, 1999
친구는 좋아! 크리스 라쉬카 글·그림, 이상희 옮김, 다산기획, 2007
넌 정말 멋진 친구야! 수잔느 블룸 글·그림, 임승신 옮김, 은나팔, 2007

당신은 누구시길래
제인 에어 샬럿 브론테 지음, 유종호 옮김, 2004
목사의 딸들 D.H. 로렌스 지음, 백낙청 옮김, 창작과비평사, 1991

학생이란 걸 해야 할 때
어쩌다 중학생 같은 것을 하고 있을까 쿠로노 신이치 지음, 장은선 옮김, 뜨인돌, 2012
꽃들에게 희망을 트리나 폴러스 글·그림, 김석희 옮김, 시공주니어, 1999

내가 그림책을 읽는 이유
마음이 흐린 날엔 그림책을 펴세요 야나기다 구니오 지음, 한명숙 옮김, 수희재, 2006

그래도 아직은 희망이다
지금 있는 암이 사라지는 식사 와타요 다카호 지음, 이근아 옮김, 이아소, 2009

아이와 '살러 가는' 여행
바람이 우리를 데려다주겠지 오소희 지음, 북하우스, 2009

할머니들은 열공 중
비밀 시험지 안점옥 글·최정인 그림, 사계절출판사, 2008

섬마을 스캔들 김연진 글·양정아 그림, 살림어린이, 2012

엄마 하면 생각나는 것들

엄마 마중 이태준 글·김동성 그림, 한길사, 2004
오세암 정채봉 글·이현미 그림, 창비, 2001
엄마를 부탁해 신경숙 지음, 창비, 2008
어머니 강상중 지음, 오근영 옮김, 사계절, 2011
좋은 엄마 학원 김녹두 글·김용연 그림, 문학동네어린이, 2004
엄마의 마흔 번째 생일 최나미 글·정문주 그림, 사계절, 2012
언제까지나 너를 사랑해 로버트 먼치 글·안토니 루이스 그림, 김숙 옮김, 북뱅크, 2000

사별의 고통과 슬픔

공주의 생일 오스카 와일드 글·두산 칼라이 그림, 김서정 옮김, 문학과지성사, 2009
옛사람들의 눈물 전송열 지음, 글항아리, 2008

빵과 바나나와 감자

식탁 위의 세계사 이영숙 지음, 창비, 2012
바나나가 뭐예유? 김기정 글·남은미 그림, 시공주니어, 2002
어머니의 감자 밭 애니타 로벨 글·그림, 장은수 옮김, 비룡소, 2003

3장 재회

고종석 선생님께
이게 다예요 마르그리트 뒤라스 지음, 고종석 옮김, 문학동네, 1996
발자국 고종석 지음, 마음산책, 2007
히스토리아 고종석 지음, 마음산책, 2003

남이 뭐라든 제 갈 길을 간 사람
책으로 만나는 사상가들 최성일 지음, 한국출판마케팅연구소, 2011

동심 예찬
나의 학교 나의 선생 조반니 모스카 지음, 허인 옮김, 학원출판사, 1998
사랑의 학교 에드몬도 데 아미치스 지음, 김환영 그림, 이현경 옮김, 창비, 1997

전철을 탄 엽기과학자
이야기 기차 사키 글·알바 마리나 리베라 그림, 김미선 옮김, 뜨인돌어린이, 2011
엽기과학자 프래니(전7권) 짐 벤튼 글·그림, 언어세상, 2005~2008

나는 오늘도 일기를 쓴다
치유의 글쓰기 셰퍼드 코미나스 지음, 임옥희 옮김, 홍익출판사, 2008

대중매체와 덜 친하기
지식 e EBS 지식채널 e 엮음, 북하우스, 2007~

아이들은 놀아야 한다
놀이의 힘 데이빗 엘킨드 지음, 이주혜 옮김, 한스미디어, 2008

하나도 안 심심해 마갈리 보니올 글·그림, 최윤정 옮김, 바람의아이들, 2006
나뭇잎이 달아나요 올레 쾨네케 글·그림, 임정은 옮김, 시공주니어, 2008

화, 내? 말어?
화내는 기술 나카지마 요시미치 지음, 유준칠 옮김, 해바라기, 2003

고맙습니다, 선생님
축 졸업 송언 초등학교 송언 글·유승하 그림, 웅진주니어, 2010
나는 선생님이 좋아요 하이타니 겐지로 지음, 햇살과나무꾼 옮김, 양철북, 2008
고맙습니다, 선생님 패트리샤 폴라코 글·그림, 서애경 옮김, 아이세움, 2001

재회
졸업 시게마쓰 기요시 지음, 고향옥 옮김, 양철북, 2007
재회 시게마쓰 기요시 지음, 김미영 옮김, 시공사, 2011
하늘을 나는 교실 에리히 캐스트너 글·발터 트리어 그림, 문성원 옮김, 시공주니어, 2000
태양의 아이 하이타니 겐지로 지음, 오석윤 옮김, 양철북, 2008

아빠에게 편지 쓰기
무릎딱지 샤를로트 문드리크 글·올리비에 탈레크 그림, 이경혜 옮김, 한울림어린이, 2010
아빠가 내게 남긴 것 캐럴 캐릭 글·패디 부머 그림, 지혜연 옮김, 베틀북, 2000
미라가 된 고양이 재클린 윌슨 글·닉 샤랫 그림, 햇살과나무꾼 옮김, 시공주니어, 2002

국립중앙도서관 출판시도서목록(CIP)

남편의 서가 / 지은이: 신순옥. ─ 서울 : 북바이북, 2013
  p. ;   cm

참고문헌 수록
ISBN 978-89-962837-7-5 03810 : ₩13500

한국 현대 문학[韓國現代文學]

818-KDC5
895.785-DDC21   CIP2013007500

남편의 서가

2013년 5월 31일 1판 1쇄 인쇄
2013년 6월 10일 1판 1쇄 발행

지은이 신순옥
펴낸이 한기호
편집   오효영 이은진 김세나
경영지원 이하영
펴낸곳 북바이북
       출판등록 2009년 5월 12일 제313-2009-100호
       주소 121-839 서울시 마포구 서교동 484-1 삼성빌딩A동 2층
       전화 02-336-5675 팩스 02-337-5347
       이메일 kpm@kpm21.co.kr
       홈페이지 www.kpm21.co.kr
인쇄   예림인쇄 전화 031-901-6495 팩스 031-901-6479
총판   송인서적 전화 031-950-0900 팩스 031-950-0955

ISBN 978-89-962837-7-5 03810

북바이북은 한국출판마케팅연구소의 임프린트입니다.
책값은 뒤표지에 있습니다.

딸 서해가 그린 아빠